スキルアップ法制執務

演習問題で条例改正の応用力を身につける

大島稔彦
峯村欣弘 著

第一法規

はしがき

　この本は、条例の一部改正の方法について、事例や実例を系統的・体系的に掲げ、かつ、実務に即した事例の演習を試みることによって、その実際の起案に資することを目的としてまとめたものである。一部改正は、やや特殊な範ちゅうに属し、かつ、技術的な面の強い法制執務の分野であるが、できる限り、基本的な考え方を踏まえ、その説明を付することによって理解が容易になるよう、また十分に応用ができるように工夫したつもりである。

　わが国の法制度、あるいは立法制度の下において、毎年制定される多くの法令・条例のうちに一部改正法令・条例の占める割合はかなりの数に上る。しかし、その起案をするとなると、特にその技術的な側面において頭を悩ませることが多く、いろいろ判断に迷ってしまうという声が、地方公共団体の職員の方々から多く寄せられるのが現実である。

　そこで、この本では、さまざまな事例に対応することをサポートするため、法制執務の研修において提起された質問内容や、情報誌「自治体法務NAVI」に掲載してご好評をいただいた「スキルアップ法制執務」で紹介した内容などを踏まえて、実務上生じうるケースを選定し、これに対応する改正例を提示し、かつ、改正例について解説を付することとした。そのような意味では、解説付きの一部改正の事例問題集と言ってもいいかもしれない。もちろん、実際の条例の一部改正の全てに対応した改正例を提示することは、不可能と言っていい。現実に起きる問題・課題は、想定できる事例から外れるものも数多く出てくるからである。しかし、基本的な考え方・方法を理解していれば、特殊な場合においても十分に対応は可能であり、そのような応用の事例も演習問題として多く盛り込んでいる。

　この本が、実際の起案に携わり、悩んでおられる地方公共団体の職員の方々にとって、実践的な参考になること、そしてその執務のお役に立つことができれば幸いである。

　なお、この本は、先に上梓してご好評をいただいている『法制執務の基礎知識』（第一法規株式会社刊）の続編あるいは姉妹編と言ってもよい。この本では、前著において、監修を担当した大島と実質的に執筆を担当した峯村との共著とした。出版にあたり、第一法規株式会社出版編集局の西連寺ゆき氏及び梅牧文彦氏には大変お世話になった。ここに謝意を表する次第である。

　令和元年6月

大島　稔彦

峯村　欣弘

この本のご利用について

1　この本は、事例編と演習編で構成されている。どちらから進まれても構わない。

2　事例編は、基本的な各分野ごとに「設問」を提示し、これに対する「改正例」を示し、その分野全般に関する「解説」を付する。これに続けて、さまざまな関連事例を、索引番号を付して、系統的に掲げている。関連事例は、実例を原則として採用しているが、パターン的なものも存在する。基本的な改正方法を確認されたい。

3　演習編は、実例に近い一部改正を提示している。「設問」としては、改正事項を掲げるもの、改正要綱を提示するもの、新旧対照表によるもの、いわゆる見え消しに基づくものがあり、また、内容としてはスケルトン的なものと、条文によっているものとがある。これによって一部改正の起案を試み、「改正例」と対比し、その上で「解説」を参照されたい。

4　事例には索引番号を付してあり、これを巻末に五十音順で掲げているので、検索の便に供されたい。また、演習の解説にも関連事例の索引番号を付記しているので、これも参照されたい。

5　事例編でも演習編でも、設問に対して「改正例」を掲げているが、この例が唯一絶対のものではない。もちろん、適切なものとして示しているが、異なった改正方法がある場合もある。演習編の改正例については、「解説」でも考えられる他の方法に触れるようにしているので、参考にされたい。

6　事例や改正規定例中、「×」は空白を意味する。行頭からの空白字数を示すが、単に空白としている場合もあるので、その旨了解されたい。

目　次

はしがき
この本のご利用について

事　例　編

第1章　条例改正の基礎

1．改正条例の構成 ………………………………………………… 2
（1）一部改正の原則 …………………………………………… 4
（2）改正規定の基本 …………………………………………… 4
（3）改正の順序 ………………………………………………… 5
（4）表記等の整理 ……………………………………………… 6
（5）条例の構成単位による特定 ……………………………… 7
2．複数の条例の改正 …………………………………………… 8
（1）二つの条例の改正 ………………………………………… 8
（2）三以上の条例の改正 ……………………………………… 9
（3）複数条例の改正と他の条例の廃止 ……………………… 9
（4）整理条例・整備条例 ……………………………………… 10
3．多段階改正 …………………………………………………… 12
（1）二段階改正 ………………………………………………… 12
（2）多段階改正 ………………………………………………… 13
4．附則による改正 ……………………………………………… 14

第2章　語句の改正

1．構成単位における語句の改正 ……………………………… 18
（1）改正対象箇所の特定 ……………………………………… 20
（2）構成単位における語句の改正例 ………………………… 20
（ア）題名 …………………………………………………… 20
（イ）目次 …………………………………………………… 21
（ウ）前文 …………………………………………………… 21
（エ）章名・節名 …………………………………………… 22

v

（オ）見出し ……………………………………………………… 22

（カ）条 ……………………………………………………………… 23

（キ）項 ……………………………………………………………… 24

（ク）号・アイウ ………………………………………………… 25

（ケ）ただし書・後段 …………………………………………… 25

2．構成単位・各条例に共通する語句の改正 ………………… 26

（1）複数の条例に共通する語句の一括改正 ……………… 26

（2）複数の規定に共通する語句の一括改正 ……………… 26

（3）本則中の共通する語句の一括改正 …………………… 27

第3章　構成単位の全体の改正

1．構成単位全体を改める …………………………………… 30

（1）条の全部の改正 ………………………………………… 30

（2）構成単位の全部改正 …………………………………… 32

2．構成単位を加える ………………………………………… 36

（1）条を新たに加える ……………………………………… 36

（2）構成単位を新たに加える ……………………………… 37

（3）構成単位を新たに付する ……………………………… 41

3．構成単位を削る …………………………………………… 46

第4章　構成単位の移動の改正

1．移動の原則（条の繰上げと繰下げ）…………………… 50

2．章・節の移動 ……………………………………………… 53

3．条の移動等と見出しの扱い ……………………………… 55

4．条の移動と章・節への帰属 ……………………………… 57

5．項の新設・廃止と移動 …………………………………… 61

6．号の新設・廃止と移動 …………………………………… 64

7．アイウの新設・廃止と移動 ……………………………… 66

第5章　複合的な改正

1．章節等の構成の変更 ……………………………………… 68

2．条・項の変更 ……………………………………………… 73

第6章　表・様式の改正

1．表の改正 ……………………………………………… 78
（1）表とその部分の特定 ……………………………… 79
（2）表の部分の改正 …………………………………… 80
（3）表に附属する部分の改正 ………………………… 82
2．表全体の改正 ………………………………………… 83

第7章　一部改正の一部改正

1．一部改正の改正 ……………………………………… 88
（1）一部改正条例の一部改正 ………………………… 91
（2）改正規定の特定 …………………………………… 91
（3）改正規定の改正 …………………………………… 92
2．改正規定の特定 ……………………………………… 94

演 習 編

設問1　改正箇条による改正案の作成1 ……………………… 100
設問2　改正箇条による改正案の作成2 ……………………… 102
設問3　改正箇条による改正案の作成3 ……………………… 104
設問4　新旧対照簡略表に基づく改正案の作成1 …………… 108
設問5　新旧対照簡略表に基づく改正案の作成2 …………… 112
設問6　新旧対照簡略表に基づく改正案の作成3 …………… 117
設問7　新旧対照簡略表に基づく改正案の作成4 …………… 123
設問8　新旧対照簡略表に基づく改正案の作成5 …………… 128
設問9　新旧対照簡略表に基づく改正案の作成6 …………… 133
設問10　改正内容概略（見え消しの内容）による改正案の作成1 ……… 138
設問11　改正内容概略（見え消しの内容）による改正案の作成2 ……… 148
設問12　改正内容概略（見え消しの内容）による改正案の作成3 ……… 155
設問13　改正要綱項目による改正案の作成 ………………… 162
設問14　改正案要綱に基づく改正案と改正後の条例の作成 ………… 165
設問15　新旧対照表に基づく改正案の作成1 ……………… 172
設問16　新旧対照表に基づく改正案の作成2 ……………… 186

設問17　改正案要綱に基づく新旧対照表と改正案の作成 ……………… 191

事例索引（五十音順） ……………………………………………… 219

装丁　ゲンタチエ デザイン株式会社

事例編

第1章

条例改正の基礎

1．改正条例の構成

　次の条例に対し、後掲の改正事項によって一部改正条例を作成したい。どのように改正条例を構成したらよいか。

　　○○市の休日に関する条例（平成元年3月15日○○市条例第10号）
　（○○市の休日）
第1条　次に掲げる日は、○○市（以下「市」という。）の休日とし、市の機関の執務は、行わないものとする。
　（1）　日曜日及び土曜日
　（2）　国民の祝日に関する法律（昭和23年法律第178号）に規定する休日
　（3）　12月29日から翌年の1月3日までの日
　（期限の特例）
第2条　市の行政庁に対する申請、届出その他の行為の期限で条例又は規則で規定する期間（時をもって定める期間を除く。）をもって定めるものが市の休日に当たるときは、市の休日の翌日をもってその期限とみなす。
　　　附　則
この条例は、平成元年4月1日から施行する。

改正事項
1　休日の執務は、原則として行わない旨を規定する。
2　これに伴い、休日に執務をすることを禁止するものではない旨を明らかにする。
3　祝日法の休日と年末・年始の休日とが重複する日があるので、これを整理する。
4　期限の特例について、条例又は規則に別段の定めがある場合はこれによる旨を追加する。
5　この改正は、平成10年4月1日から施行するものとする。

改正例

§1.1.1　一部改正条例の形式

×××○○市の休日に関する条例の一部を改正する条例

×○○市の休日に関する条例（平成元年○○市条例第10号）の一部を次のように改正する。

×第1条（各号列記以外の部分）中「し、市の機関の執務は、行わないものとする」を「する」に改め、同条第3号中「までの日」の次に「（前号に掲げる日を除く。）」を加え、同条に次の1項を加える。

2　市の休日においては、市の機関の執務は、原則として行わないものとする。た×だし、市の機関がその所掌事務を遂行することを妨げるものではない。

×第2条に次のただし書を加える。

××ただし、条例又は規則に別段の定めがある場合は、この限りでない。

×××附×則

×この条例は、平成10年4月1日から施行する。

注1）起案・審議の段階では、題名は「・・・・・の一部を改正する条例案」とする。
　2）第1条の改正規定中「各号列記以外の部分」は省いてもよい。第3号を改正するので、その対比上入れている。
　3）改正前の第1条柱書きの後半の執務を行わないとする規定に「原則として」を加えてもよい。その場合は、新2項は、「前項の規定にかかわらず、市の機関が・・・・・」となる。

参考　改正後の条例

○○市の休日に関する条例

（○○市の休日）

第1条　次に掲げる日は、○○市（以下「市」という。）の休日とする。

（1）　日曜日及び土曜日

（2）　国民の祝日に関する法律（昭和23年法律第178号）に規定する休日

（3）　12月29日から翌年の1月3日までの日（前号に掲げる日を除く。）

2　市の休日においては、市の機関の執務は、原則として行わないものとする。ただし、市の休日に市の機関がその所掌事務を遂行することを妨げるものではない。

1．改正条例の構成　3

（期限の特例）

第2条　市の行政庁に対する申請、届出その他の行為の期限で条例又は規則で規定する期間（時をもって定める期間を除く。）をもって定めるものが市の休日に当たるときは、市の休日の翌日をもってその期限とみなす。<u>ただし、条例又は規則に別段の定めがある場合は、この限りでない。</u>

　　　附　　則

この条例は、平成元年4月1日から施行する。

　　　附　　則

この条例は、平成10年4月1日から施行する。

注：平成10年施行の附則は、改正条例の附則を意味する。改正条例の本則は施行と同時に用済みとなるから、例規集ではその附則のみを掲載する例である。改正対象であった元の条例にこの附則が追加されるわけではない。あくまでも例規集での編集上の慣例である。

解　説

（1）一部改正の原則

　日本の法令の改正は、改正対象となる法令（元の法令）のどの部分をどのように改正するかを明示する法令（一部改正法令）によって行われ、その法令の施行によって、改正部分が元の法令と一体となることによって改正後の法令が構成される、という、いわゆる「溶け込み方式」によってなされる。したがって、改正は、改正対象法令について、改正部分を特定し、特定された部分にどのように改正を施すかを規定することによって行うことになる。

　一部改正法令は、その附則で規定する施行期日の到来によって、施行と同時に改正内容（条や項などの移動も含む）が全て瞬時に改正対象法令に溶け込み（元の法令が更新されて効力が発生し）、改正を施された条例が適用される状態に置かれることになる。このため、一度移動した条や項を基準として、その条名や項番号の前や次に加えることなどはしないこととされている。

（2）改正規定の基本

改正は、次の5種類が基本として使われる。すなわち、

① （語句・条項等を）改める　　　「・・・を～に改める」

② （語句・条項等を）加える　　　「・・・の次に～を加える」

③ （語句・条項等を）削る　　　　「・・・を削る」

4　事例編　第1章　条例改正の基礎

④ （見出しなどを）付する　　　「・・・に～を付する」

⑤ （条項等の場所を移動するために）とする（繰り上げる、繰り下げる、も含む）

　「・・・を～とする」「・・・を（～条ずつ）繰り上げる・繰り下げる」

である。実際には、これらを組み合わせて改正内容を明らかにすることになるが、これらは全て改正であり、これらによって改正を示す文が改正規定である。改正規定は、一般的には句点で終わる一文を指すが、読点で区切られる文の部分も改正規定という場合がある。

　改正規定は、個々の条や項等の改正対象部分を具体的に特定して、どのようにするかを指示するが、基本的には条単位で構成する。ある条の中でいくつもの改正がある場合には、改正規定を読点で結び、組み合せて完結させる。しかし、条の中間に改行して加えたり、改める規定がある場合には、同一の条であっても、一旦区切り、次の改正規定は、新たに置かれた規定の次に改行して書き改めることとされている。

　改正規定は、構成単位の名称で特定するが、その一部であるときは新旧の部位をかぎ括弧で囲って表示し、部位の全部であるときは「次のように改める（加える）」等として、新たな構成単位を所定の位置に規定する。

　条例は、法令に準拠して規定することとされているから、以下、特別な場合を除いて「条例」を用いる。

　なお、語句を加える場合、横書きではある語句の「次に」加えるとするが、縦書きではある語句の「下に」加えるとする。

　具体的な改正規定は、次章以下で事例ごとに見ていく。

（3）改正の順序

　条例を改正する条例は、題名を「○○条例の一部を改正する条例」とする。改正は、同じ種類の例規によることを原則とするから、条例を改正するには条例で、規則を改正するには規則で行う。

　次に、本則において改正内容を規定していくことになるが、本則の冒頭に、まず、条例の一部を改正する旨の規定を置く。これを改正文という。ほとんどの規定を改正する場合でも、全部を改正する以外は「一部」の改正である。なお、改正対象条例を特定する必要があるので、これに条例番号を付する必要がある。

　改正文の次から、具体的な改正内容を規定していくことになる。

　改正規定には、条名や項番号を付することはしない。原則として、対象条例の前から後ろにかけて、順次、構成単位ごとに改正を行う。このことは、本則が条で構成されていれば、第1条から条単位で順に改正を行うことを意味する。ただし、条を加えることによって条の移動が生じる場合には、後ろから順次条を移動させて、その新設される条の入る場所を確保して（空けて）条を加えなければならない。この方法は、章・節等を加える場合も、

また、条の中で項・号などを加えるために項・号などを移動する場合も、同様となる。

　原則として、改正規定は構成単位で一文の改正規定、端的には条単位で改正規定を構成する。しかし、条の中で項や号などを加えたり、項や号などをその単位で全部改正したりする場合には、改正後の規定が入ることになるので、改正規定はそこで一旦結ばれる。このほかに同じ条において改正がある場合には、改行して新たに改正規定を置くことになる。また逆に、条を移動する場合は、連続した条の移動は、続けて規定することができるし、まとまりで一括して移動することもできる。これは章・節等についても同じことがいえる。

　最後に附則を置く。附則は、一部改正条例の施行期日、改正に伴う適用関係、改正に伴う経過措置、この改正に伴う他条例の整理などを規定するが、これは一般の附則と同様である。

（4）表記等の整理

　一部改正は、改正対象条例に対して行い、改正後はこれと一体となって（溶け込んで）適用されるから、用字用語の表記や文体も対象条例と同じになるようにしなければならないのが原則である。しかし、次のような特例がある。

・　字体は、現在の通用字体になっているものとして扱う。ただし、固有名詞が旧字体となっている場合、その引用は旧字体による。

・　旧仮名遣いによっている場合で、濁点・半濁点が付されていないときであっても、付されているものとして扱う。

・　改正部分に、旧表記がある場合は、現行の表記に改める。表記を改めるのは、原則として項単位で行い、改正のない項に同じ旧表記があっても改めることはしない。

・　本則における章・節単位で全部改正・新設をする場合及び改正条例の附則は、現行の表記による。促音・拗音の小書きも同様であるが、改正がある場合に項単位で改める例もある。

改正例

§1.1.2　改正に伴い表記を改める（条）

> ×第10条中「附加して」を「付加して」に改め、同条ただし書中「但し」を「ただし」に、「定が」を「定めが」に、「民法（明治29年法律第89号）第424条の規定により他の債権者が債務者の行為を取り消す」を「債務者の行為について民法（明治29年法律第89号）第424条第3項に規定する詐害行為取消請求をする」に改める。

改正例

§1.1.3 改正に伴い表記を改める（項）

×第59条第1項中「建ぺい率」を「建蔽率」に改め、同項ただし書中「一に」を「いずれかに」に改め、同項第1号中「コンクリートブロツク造」を「コンクリートブロック造」に改める。

（5）条例の構成単位による特定

改正は、改正対象部分を特定して、そこにどのように改正を施すかを規定するのであるから、改正対象部分の特定が必要である。

改正部分の特定は、第1に、条例の構成単位（あるいは「構成要素」ともいう）による。構成単位といっても、原則は条である。つまり、章・節等は、その改正をする場合など必要に応じて特定するにとどめ、条の特定に第○章第×条というような特定の仕方はしない。単に第×条で足りる。ただし、条を構成する項・号等はできる限り細部までその特定をする。

第2に、構成単位中の語句による。語句を「　」で囲って引用する。語句の特定は、他の部分と混同しない限りにおいて、必要かつ最小限に行う。原則として、意味のある言葉としての単位（単語、あるいはこれに助詞・助動詞がついたものなど。助詞・助動詞のみによる特定はしない）で表示する。ただし、括弧類を含ませて特定する場合もある。条文の引用は、原則としてフルネームで行う（例えば「第2条第3項第4号」など）。

また、構成単位だけでは特定できないような場合には、「　」で当該部分を囲って、その部分を特定する。目次、数式、様式、項・欄などで特定できない表の部分などである。

なお、「　」で引用する場合は、構成単位をまず引用し、次いでその「中」の「・・・・・」として引用する。「中」が多段階になる場合は、上の段階に「うち」を用いる。

1．改正条例の構成　7

2．複数の条例の改正

複数の手数料条例を、改正内容が関連するので、一つの改正条例で改正する。一部改正条例の構成はどうなるか。

改正例

§1.2.1　二つの条例を本則で改正する

```
×××○○県都市整備局関係手数料条例及び○○県福祉保険局関係手数料条例の一
　部を改正する条例
×（○○県都市整備局関係手数料条例の一改正）
第1条　○○県都市整備局関係手数料条例（昭和45年○○県条例第50号）の一部を
　次のように改正する。
××・・・・・・
×（○○県福祉保険局関係手数料条例の一部改正）
第2条　○○県福祉保険局関係手数料条例（昭和33年○○県条例第25号）の一部を
×次のように改正する。
××・・・・・・
×××附×則
×この条例は、平成30年1月1日から施行する。
```

解説

（1）二つの条例の改正

　二つの条例を一つの条例で改正するのは、一つの政策のまとまりや、共通の目的などがある場合である。無関係の二つの条例をまとめて改正することはしない。改正条例の構成は、まず、題名は、対象条例を「及び」で結んでその「一部を改正する条例」とする。改正は、一般的には、中心的なものを先に、より関係性の強いものの順とするが、必ずしも厳密な基準ではない。本則は、2条の条建てとして、各条に見出しを付する。各条の柱書きが改正文である。したがって、各条の中の改正規定は全て1字分下がる（右に寄る）。

　なお、一つの条例と、他の条例の一部改正条例とを、本則で改正する場合も、題名と本

則の構成は同様になる。

（2）三以上の条例の改正
　三以上の複数の条例を本則で改正する場合は、次のようになる。

§1.2.2　三以上の複数の条例を本則で改正する

××○○県福祉保険局関係手数料条例等の一部を改正する条例

×（○○県福祉保険局関係手数料条例の一部改正）

第1条　○○県福祉保険局関係手数料条例（昭和33年○○県条例第25号）の一部を
×次のように改正する。

××・・・・・・

×（○○県国民健康保険財政安定化基金条例の一部改正）

第2条　○○県国民健康保険財政安定化基金条例（平成5年○○県条例第33号）の
×一部を次のように改正する。

××・・・・・・

×（○○県国民健康保険広域化等支援基金条例の一部改正）

第3条　○○県国民健康保険広域化等支援基金条例（平成10年○○県条例第20号）
×の一部を次のように改正する。

××・・・・・・

×××附×則

×・・・・・・

注1）複数の条例を本則でまとめてそれぞれの一部改正を行うのは、二つの条例を改正する場合
　　と同様、一つの政策でまとまりがあるような場合である。政策と関係のない条例を列挙し
　　て行うことは不適切である。
　2）題名は「・・・・・条例等の一部を改正する条例」とする。なお、題名に改正目的を明示して（例
　　えば、「〜の充実及び運営の改善を図るための・・・・・条例等の一部を改正する条例」な
　　ど）、まとめる場合もある。
　3）改正対象の条例の順序は、整備法などとは異なり、二つの場合と同様、中心になる条例を
　　第1条に、次いで関係性の強いものの順、ということも考えられる。制定年次の古い順か
　　らの場合もある。
　4）本則が条建てとなっているので、各条の中の改正規定は、全て一字分下がる（右に寄る）
　　ことになる。

（3）複数条例の改正と他の条例の廃止
　複数の条例の改正と、それ以外の条例の廃止を、本則で同時に行うことがある。この場

合は題名が異なってくる。

§1.2.3　複数の条例の改正と、条例の廃止を本則で行う

×××○○市税条例及び○○市事務手数料条例の一部を改正する等の条例
×（○○市税条例の一部改正）
第1条　○○市税条例（昭和40年○○市条例第15号）の一部を次のように改正する。
××・・・・・・
×（○○市事務手数料条例の一部改正）
第2条　○○市事務手数料条例（昭和50年○○市条例第5号）の一部を次のように×改正する。
××・・・・・・
×（○○市財政安定化基金設置条例の廃止）
第3条　○○市財政安定化基金設置条例（平成10年○○市条例第10号）は、廃止する。
×××附　　則
×・・・・・・

注：改正するだけではないので題名が「〜の一部を改正する等の条例」となる。改正対象条例が二つの場合は「及び」で並列させるが、三つ以上であれば、「・・・・・条例等の一部を改正する等の条例」となる（§1.2.2参照）。

（4）整理条例・整備条例
　一定の目的によって複数の条例を改正する場合に、対象条例が多岐にわたるときは、いわゆる整理条例・整備条例として立案することも多い。改正は、本則を条建てとし、1条で一条例について行い、直後の条でその経過措置を定める例である。経過措置を改正した条の直後に置くのは、改正する条例の数が多く、それに伴う経過措置の数も多くなる場合に、附則で規定すると対応関係が分かりにくくなるためである。したがって、経過措置の数が少ない場合や簡潔な場合は附則に置いてもかまわない。
　整理条例と整備条例の区別は明確とはいいがたいが、一般に、規定を整理する（改正する）だけの場合は整理条例、整理に伴って採る何らかの法的な措置も含む場合には整備条例とするといえよう。なお、§1.2.2との違いは、中心となる条例を指摘することが困難である、対象となる関係条例が多数となる、といった事情にある。
　本則の構成は§1.2.2と同様であるが、場合により章を設けて分類することがある（例えば、「財政局関係」「都市整備局関係」というように所管部局別に章建てにするなど）。

事例編　第1章　条例改正の基礎

§1.2.4　一定の目的によって複数の条例を改正するなどの整理条例の題名

×××介護保険法の一部を改正する法律の施行に伴う関係条例の整理に関する条例

注：条例の廃止などを含む場合には、「整理等に関する条例」とする。

§1.2.5　一定の目的によって複数の条例を改正する整備条例の題名

×××国民健康保険財政の確立のための関係条例の整備に関する条例

§1.2.6　ある条例の制定改廃に伴って複数の条例を改正する整備条例の題名

×××○○市観光税条例の施行に伴う関係条例の整備に関する条例

注：整備以外のものが本則に含まれる場合には、「整備等に関する条例」とする。例えば、本則
　　における経過措置や規則委任の規定などがあろう。§1.2.3のように条例の廃止を含む場
　　合もある。

3．多段階改正

設問　手数料条例において、ある事項の手数料の額を引き上げ、6箇月後にさらにその額を引き上げる改正をするにはどうするか。

改正例

§1.3.1　同じ事項について施行日を異ならせて段階的に改正する

> ×××○○市事務手数料条例の一部を改正する条例
> 第1条　○○市事務手数料条例（平成5年○○市条例第33号）の一部を次のように
> ×改正する。
> ×第5条第3号中「300円」を「350円」に改める。
> 第2条　○○市事務手数料条例の一部を次のように改正する。
> ×第5条第3号中「350円」を「380円」に改める。
> ×××附×則
> ×この条例は、平成20年4月1日から施行する。ただし、第2条の規定は、同年10月1日から施行する。

解説

（1）二段階改正

　ある条例を、施行日を異ならせて複数回改正する。それを改正条例の本則において行う。典型的には、ある改正を行い、一定期日後に同じ箇所を改正する、というような場合で、俗に二段ロケット方式などといわれる。一定の内容の変更についてあらかじめその段階を明示する政策的な判断による、といえよう。

　題名は、単に「‥‥‥条例の一部を改正する条例」とする。本則を条建てとし、その条ごとに施行日を異ならせる。各条の改正文では、改正対象条例の条例番号は、第1条のみに付することになる。通常は、当然のことであるので、各条に見出しは付さない例である。

　なお、このような改正は、附則の経過措置として措置することも可能である。本則で、上記の第2条の改正を行うこととし、附則で、第1条の施行の日から第2条の施行の日の

前日までの間は、「380円」とあるのは「350円」とする、という読替規定を置く、というような方法である。住民からすると、やや分かりにくい感じがするかもしれない。

（2）多段階改正

　二段に限らず、多段階に改正を行うので、多段階改正ともいう。同じ箇所の改正ではないが、まずある改正を行い、一定期日後に他の改正を行う場合もある。他の改正も大きなくくりでは一定の目的による政策実施のことが多い。全く関係のない改正を多段階で行うことは考えにくい。

4．附則による改正

設問 附則において他の条例を改正する場合は、どのような構成になるか。

改正例

§1.4.1 条建ての附則で改正を行う

>　×××附×則
>×（施行期日）
>第1条　この条例は、公布の日から起算して1年を超えない範囲内において規則で×定める日から施行する。
>・・・・・・
>×（○○市事務手数料条例の一部改正）
>第5条　○○市事務手数料条例（平成3年○○市条例第25号）の一部を次のように×改正する。
>××第2条第1項第3号中「2,100円」を「2,200円」に改める。

解説

　一部改正は、附則で行われる場合も多い。本則が一部改正である場合に限らず、新規制定条例、全部改正条例、廃止条例などでも、その改廃に伴って必要となる整理などのための他条例の改正（廃止なども含まれる）は必要となってくる。これが附則における一部改正である。この改正形式は、整理条例・整備条例の場合と変わらず、附則の各条において、必要な改正を順次行うことになる。換言すれば、附則における一部改正をまとめて一件の条例とするのが、整理条例・整備条例だといえよう。

　形式は、附則が条建てである場合は条に、項建てである場合は項に、改正の旨の見出しを付し、その条・項において改正文を置いて、改正を行う。本則における条建てによる一部改正の場合と同様、改正規定の行頭は一字分下がる（右に寄る）。

§1.4.2　項建ての附則で改正を行う

×××附×則

×（施行期日）

1　この条例は、公布の日から施行する。

×（罰則に関する経過措置）

2　この条例の施行前にした行為に対する罰則の適用については、なお従前の例に
×よる。

×（○○市税条例の一部改正）

3　○○市税条例（昭和50年○○市条例第5号）の一部を次のように改正する。

××第2条第1項第3号中・・・・・・

事例編

第2章

語句の改正

1. 構成単位における語句の改正

設問 次のような改正を行う場合の改正規定はどうなるか。

◎改正前

（補償基礎額）

第5条 前条に規定する公務災害補償は、療養補償及び介護補償を除き、補償基礎額を基礎として行う。

2 （略）

3 次の各号のいずれかに該当する者で、消防団員又は消防作業従事者若しくは救急業務協力者（以下「消防団員等」という。）の死亡若しくは負傷の原因である事故が発生した日又は診断により死亡の原因である疾病の発生が確定した日若しくは診断により疾病の発生が確定した日において、他に生計のみちがなく主として消防団員等の扶養を受けていたものを扶養親族とし、扶養親族のある消防団員等については、前項の規定による金額に、第1号に該当する扶養親族については<u>333円</u>を、第2号に該当する扶養親族については267円（消防団員等に第1号に該当するものがない場合には、そのうち1人については1人につき333円）を、第3号から第6号までのいずれかに該当する扶養親族については1人につき217円（消防団員等に第1号に該当する者及び第2号に該当する扶養親族がない場合には、そのうち1人については300円）を、それぞれ加算して得た額をもつて補償基礎額とする。

（1） 配偶者（婚姻の届出をしないが、事実上婚姻関係と同様の事情にある者を含む。）

（2） 22歳に達する日以後の最初の3月31日までの間にある子

（3） 22歳に達する日以後の最初の3月31日までの間にある孫

（4） 60歳以上の父母及び祖父母

（5） 22歳に達する日以後の最初の3月31日までの間にある弟妹

（6） 重度心身障害者

◎改正後

（補償基礎額）

第5条　前条に規定する公務災害補償は、療養補償及び介護補償を除き、補償基礎額を基礎として行う。

2　（略）

3　次の各号のいずれかに該当する者で、消防団員又は消防作業従事者若しくは救急業務協力者（以下「消防団員等」という。）の死亡若しくは負傷の原因である事故が発生した日又は診断により死亡の原因である疾病の発生が確定した日若しくは診断により疾病の発生が確定した日において、他に生計のみちがなく主として消防団員等の扶養を受けていたものを扶養親族とし、扶養親族のある消防団員等については、前項の規定による金額に、<u>第1号又は第3号から第6号までのいずれか</u>に該当する扶養親族については<u>1人につき217円を</u>、第2号に該当する扶養親族については1人につき333円を、それぞれ加算して得た額をもつて補償基礎額とする。

（1）　配偶者（婚姻の届出をしないが、事実上婚姻関係と同様の事情にある者を含む。）

（2）　22歳に達する日以後の最初の3月31日までの間にある子

（3）　22歳に達する日以後の最初の3月31日までの間にある孫

（4）　60歳以上の父母及び祖父母

（5）　22歳に達する日以後の最初の3月31日までの間にある弟妹

（6）　重度心身障害者

> ### 改正例

> 第5条第3項中「、第1号」の次に「又は第3号から第6号までのいずれか」を加え、「333円を」を「1人につき217円を」に改め、「267円（消防団員等に第1号に該当するものがない場合には、そのうち1人については」及び「）」を、第3号から第6号までのいずれかに該当する扶養親族については1人につき217円（消防団員等に第1号に該当する者及び第2号に該当する扶養親族がない場合には、そのうち1人については300円）」を削る。

注1）改正箇所の特定は、「第5条第3項中」となる。特に各号と区分しなければならないわけではないので、各号列記以外の部分とする必要はない。

　2）「第1号」という語句は3箇所あるので、特定するために「、第1号」と、読点を含めて引用する。

1．構成単位における語句の改正　19

3）削る対象は、必要な部分を引用するため、括弧も含めている。削った後の文が規定として成り立つようにしなければならない。

解説

（1）改正対象箇所の特定

　改正対象の箇所を特定するのは、前述のように、条例の構成単位（構成要素）による。原則は「条」である。条以下の構成単位はできる限りより小さい単位まで明示する。条より上の単位（章・節等）は、必要に応じて引用する。規定中の語句を改正する場合でも、これは変わりない。

　改正対象の語句の特定は「　」による。対象構成単位中の「　」で引用する語句を改める、その語句を削る、その語句の次に「　」の語句を加える、といった改正を加えることになる。引用する改正対象の語句は、改正内容とも関連するが、原則として意味のある言葉の単位による。助詞や助動詞は、たとえそれで特定可能であっても、単独では引用しない。もちろん、必要に応じて読点、句点、括弧なども付随させることがある。語句を削ったり、加えたりする場合に読点を付随させる必要があるときは、その部分の冒頭に読点を置くのが原則である。

（2）構成単位における語句の改正例

（ア）題名

§2.1.1　題名中の語句を改正する

×題名中「博物館」を「ミュージアム」に改める。

×題名中「○○市税条例」の次に「及び○○市税条例の一部を改正する条例」を加える。

×題名中「の交付」を削る。

（イ）目次

§ 2. 1. 2　目次中の語句を改める

> ×目次中「第52条」を「第52条の２」に改める。

> ×目次中「第21条」を「第20条」に、「第22条」を「第21条・第22条」に改める。

§ 2. 1. 3　目次中の部分を特定して改める

> 　　　　　　「第６章　　市民緑地（第55条－第59条）
> 　　　　　　第７章　　緑化施設整備計画の認定（第60条－第67条）
> ×目次中　　第８章　　緑地管理機構（第68条－第73条）　　　　　　を
> 　　　　　　第９章　　雑則（第74条）
> 　　　　　　第10章　　罰則（第75条－第79条）　　　　　　　　」
> 「第６章　　市民緑地
> 　第１節　　市民緑地契約（第55条－第59条）
> 　第２節　　市民緑地設置管理計画の認定（第60条－第68条）
> 第７章　　緑地保全・緑化推進法人（第69条－第74条）　　　に改める。
> 第８章　　雑則（第75条）
> 第９章　　罰則（第76条－第80条）　　　　　　　　　　　」

注：改正の文言（「目次中・・・を～に改める」）は、「　」内が数行にわたる場合、その中央に位置させるのが原則である。ただし、データベースなどではこれによらない例が多い。

（ウ）前文

§ 2. 1. 4　前文中の語句を改める

> ×前文中「幼児においては」を「母子においては」に改め、「及ぼすことが」の次に「科学的に」を加える。

> ×前文のうち第1項中「発生率」を「危険性」に改め、第3項中「図るため」を「図る観点から」に改める。

（エ）章名・節名

§2.1.5　章名中の語句を改める

> ×第8章の章名中「緑地管理機構」を「緑地保全・緑化推進法人」に改める。

§2.1.6　節名中の語句を改める

> ×第5章第3節の節名中「設備」を「施設及び設備」に改める。

§2.1.7　款名中の語句を削る

> ×第3章第2節第2款の款名中「及び特殊保険」を削る。

（オ）見出し

§2.1.8　条の見出し中の語句を改める

> ×第25条の見出し及び同条第1項中「中断」を「完成猶予」に改める。

§2.1.9　見出しを含む条中の語句を改める

> ×第12条（見出しを含む。）中「特殊保険再保険事業等」を「漁船保険再保険事業等」に改める。

§2.1.10　共通見出し中の語句を改める

> ×第15条の前の見出し中「返還」を「学資貸与金の返還」に改め、同条中「学資金」を「学資貸与金」に改める。

（カ）条

§2.1.11　条中の語句を改める

> ×第14条中「5年間行なわない」を「これらを行使することができる時から5年間行使しない」に改める。

§2.1.12　条中の語句を複数改める

> ×第27条中「県知事」を「市町村長」に、「県の」を「市町村の」に改める。

§2.1.13　条中に語句を加える

> ×第3条中「救済」の次に「、研究機関の能力を活用して行う環境の保全に関する研究及び技術開発」を加える。

§2.1.14　条の冒頭に語句を加える

> ×第18条中「法第72条第2項又は」を「これらの規定を法第72条第2項又は」に改める。

注：条の冒頭については、「加える」とはせず、冒頭の語句を改めることで加えた形にする。項、号等においても同様である。

§ 2．1．15　条中の語句を削る

×第５条中「（別表に定める人件費に係る金額を除く。）」を削る。

（キ）項

§ 2．1．16　項中の語句を改める

×第19条第１項中「年６パーセントの割合」を「事故発生の日における法定利率」に改める。

§ 2．1．17　項中に語句を加える

×第３条第１項中「類する土地」の次に「（農地であるものを含む。）」を加える。
×第29条第１項中「同じ。）」の次に「、個別延長給付」を加える。

注１）語句の特定に括弧を含めている。
　　２）読点を加える場合、加える語句の頭に読点を置くようにするのが原則である。語句を削るのに伴って読点を削る場合も、削る語句の頭に読点を置いて改正する。

×第37条第３項、第４項及び第６項中「第１項の」の次に「規定による」を加える。

注：複数の項に共通する場所に同じ語句を加える。

×第43条第２項中「までの」の次に「配当等の日における」を加える。

注：特定する語句に注意。

§ 2．1．18　項中の語句を削る

×第13条第１項中「（次条の法定利率による利息をいう。以下同じ。）」を削る。

（ク）号・アイウ

§2.1.19　号及びアイウ中の語句を改める

×第56条の３第３項第１号並びに第３号イ及びウ中「11,740円」を「12,090円」に改める。

×第33条第１項第１号イ中「第48条第13項」を「第48条第14項」に改める。

注：法令では「イロハ」を使用しているが、本書では「アイウ」を使用する。
　　これは、「公用文作成の要領（昭和27年４月４日内閣閣甲第16号）」で、「横書きでは、アイウを使用」とされていることによる。

§2.1.20　号中に語句を加える

×第３条第３項第２号中「準住居地域」の次に「、田園住居地域」を加え、「第13項」を「第14項」に改める。

§2.1.21　アイウ中に語句を加える

×第５条第２項第１号ア中「第５条第１項」の次に「若しくは第３項」を加える。

§2.1.22　アイウ中の語句を削る

×第11条第５項第２号オ中「児童手当の」を削る。

（ケ）ただし書・後段

§2.1.23　ただし書中の語句を改める

×第18条の２第１項ただし書中「害すべき事実」を「害すること」に改め、同条第２項中「20年」を「10年」に改める。

§2.1.24　後段中の語句を削る

×第67条後段中「と読み替えるもの」を削る。

2．構成単位・各条例に共通する語句の改正

手数料条例が数件あるが、これらに共通する用語を一括して改正する場合、どのような改正規定になるか。

改正例

§2.2.1　改正対象の規定を列挙して同じ語句の改正を行う

> ×次に掲げる条例の規定中「貸与」の次に「又は譲渡」を加える。
> ×（1）　○○市福祉保健関係事務手数料条例（昭和42年○○市条例第8号）別表第1の5の項
> ×（2）　○○市行政手続事務手数料条例（昭和55年○○市条例第20号）別表第1の8の項及び別表第2の16の項
> ×（3）　（以下略）

注：表の項を特定して同じ改正（語句を加える）を行う。

解説

（1）複数の条例に共通する語句の一括改正

　語句の改正は、共通する語句だけであれば、複数の条例を一括して改正することができる。通常は、改正文の次に、改正対象条例の規定を、各号列記で順次掲げる。もちろん、語句を改めるでも、語句を加えるでも、語句を削るでも同様である。

（2）複数の規定に共通する語句の一括改正

　次に掲げる例は、一部改正条例の中で、異なる規定中の共通する語句を改正する場合である。

§2.2.2　複数の規定中の同じ語句を改める

> ×第17条第1項第1号ただし書及び第2号ただし書中「害する事実」を「害すること」に改める。
>
> ×第27条第1項第2号ただし書及び第32条第2項中「害する事実」を「害すること」に改める。
>
> ×第40条第1項、第41条第1項から第3項まで及び第42条第1項中「市長」を「市町村長」に改める。
>
> ×第48条第1項第1号イ、第52条（見出しを含む。）、第54条並びに第58条第3項及び第4項中「建ぺい率」を「建蔽率」に改める。

注：これらの規定は連続しているわけではないが、この間にある規定に別の改正がないので、改正対象単位を列挙することができる。この間に別の改正があれば、改正はそれぞれ別個に分離して行わなければならない。

> ×第9条第2項から第8項までの規定中「第12項まで」を「第13項まで」に改める。

注：連続する規定中の語句を改める。途中の項に改正がない規定がある場合には、改正のある項をそれぞれ掲げることになる。

（3）本則中の共通する語句の一括改正

本則中に散在する同じ語句を一括して改正することもできる。

§2.2.3　本則中のある語句を改める

> ×本則中「都市計画部」を「都市政策部」に改める。

注1）本則中に散在する同じ語句を改める場合に用いるが、数箇所のみに存在する語句を改正する場合には用いないことに留意する。通常は、一部改正条例の改正文の次に、この改正規定を置く。

　2）これ以外にも本則中の規定を改正する必要がある場合には、この改正規定に続けて通常の必要箇所の改正を行うことになる。

　3）別表がある場合は、その別表の根拠になる条が本則中にあることから別表内の語句を改正する必要の有無が分かりにくいため、例えば、「本則（別表を除く。）中」のように明確に規定する必要がある。

2．構成単位・各条例に共通する語句の改正　27

4）同一の条中で、同じ語句のほかに、その他の改正も含まれる場合は、当該条を除外して規定することもある。その場合は、「「本則（第○条を除く。）中」と規定し、第○条に関しては、通常の順序に従って改正を行う。

5）その他の改正の量が多くなる場合には、原則に戻って、各条項ごとに改正を加えていくことになる。

事例編

第3章

構成単位の全体の改正

この章では、構成単位の全体を改正する場合についてまとめる。つまり、その構成単位の全体を改める場合と、その構成単位を新設（加える・付する）したり、廃止（削る）したりするが、他の構成単位の移動はない場合とである。

1．構成単位全体を改める

 次の条の全部を改める改正はどのようになるか。

◎改正前
　（営業者の義務）
第6条　営業者は、営業許可証を営業施設内に掲げなければならない。

◎改正後
　（営業者の遵守事項）
第6条　営業者は、公衆の見やすい場所に、営業施設の名称を掲げなければならない。

改正例

§3.1.1　条の全部を改める

×第6条を次のように改める。
×（営業者の遵守事項）
第6条　営業者は、公衆の見やすい場所に、営業施設の名称を掲げなければならない。

解説

（1）条の全部の改正
　構成単位で規定を全部改正する場合は、その規定を次のように改める、として、新たな

規定をそのあるべき位置に置く。条の全部を改正する場合には、その見出しも含む。もちろん、前にある共通見出しも含めて改正する場合には、当該条も前の見出しとその条を改めることとするし、共通見出しの次の次の条については、見出しも含まずに新たな規定を置く。また、その条を「削除」とする場合には、単に「第○条　削除」とする。

　なお、これによって条名を変えることはしない（例えば、第6条を全部改正して第7条にする、ということはしない）。条名の変更は移動によって行うのが原則である。

§3.1.2　連続する複数の条の全部を改める

> ×第20条及び第21条を次のように改める。
> ×（報告の徴収）
> 第20条　市長は、特定整備主又は特定都市施設を所有し、若しくは管理する者に対
> 　　し、‥‥‥‥について、報告を求めることができる。
> 第21条　削除

　　注：連続する三つ以上の条の全部を改める場合には、「第20条から第23条までを次のように改める。」
　　　　として、新たな条を置く。

§3.1.3　条を「削除」に改める

> ×第5条を次のように改める。
> 第5条　削除

§3.1.4　連続する複数の条の全部を「削除」に改める

> ×第57条から第60条までを次のように改める。
> 第57条から第60条まで　削除

§3.1.5　枝番号の条を中間に含む複数の条の全部を「削除」に改める

　（次の例は、第57条、第57条の2、第57条の3、第58条と続く条の全部を「削除」とする改正）

1.　構成単位全体を改める　31

> ×第57条から第58条までを次のように改める。
> 第57条及び第58条　削除

　注：改正前の構成は連続する四つの条であったが、中間の枝番号の条も削除となる。つまり、不要となるため、形式としては二つの条を表示することになる。

（2）構成単位の全部改正

　基本的に、ほかの構成単位の全部を改正する場合も、条の全部を改正する場合と同様である。構成単位を特定し、これを「次のように改める」、として、新たな構成単位の規定を、そのあるべき位置に置くことになる。

§3.1.6　題名の全部を改める

> ×題名を次のように改める。
> ×××○○市福祉の街づくり条例

　注：改正後の題名を、4字目から置く。

§3.1.7　目次の全部を改める

> ×目次を次のように改める。
> 目次
> 　前文
> 　第1章　総則（第1条—第6条）
> 　第2章　施策の推進
> 　　第1節　基本的施策（第7条—第12条）
> 　　第2節　情報の共有化のための取組（第13条）
> 　　第3節　都市施設の整備（第14条—第16条）
> 　　　・・・・・・
> 　第3章　○○市福祉の街づくり推進協議会（第28条）
> 　第4章　雑則（第29条—第31条）
> 　附則

§3.1.8　章名を改める

> ×第９章の章名を次のように改める。
> ×××第９章　社会福祉事業等に従事する者の確保の促進

§3.1.9　節名を改める

> ×第５章第１節の節名を次のように改める。
> ××××第１節　まち・ひと・しごと創生交付金の交付等

§3.1.10　章全体を「削除」に改める

> ×第４章を次のように改める。
> ×××第４章　削除
> 第20条から第25条まで　削除

注：章に含まれる条も全て「削除」となる。なお、仮に、第20条の２から第20条の６までを含んで、その後の枝番号の条がない場合には、枝番号を整理することになるから、削除となる条の表記は同じになる。
　　また、仮に、第４章が第20条から第20条の６までで構成されている場合は、同様に枝番号を整理することになるから、「第20条　削除」のみとなる。

§3.1.11　見出しの全部を改める

> ×第５条の見出しを「（計画の策定）」に改める。

注：見出しの全部改正は、「　」で行う。

§3.1.12　共通見出しの全部を改める

> ×第12条の前の見出しを「（表彰）」に改める。

注：共通見出しの全部改正も、「　」で行うが、「第○条の前」と特定する部分が異なる。

§ 3.1.13　項の全部を改める

×第10条第1項を次のように改める。
××政令第1条第3項第5号の規定による下宿営業の施設の構造設備の基準は、客
×室が収容定員に応じた十分な広さであることとする。

注：条建ての第1項は、条名が兼ねる扱いであるため、条文のみを3字目から規定し、2行目以
　　下は通常の項と同様に、2字目で折り返すこととされている。

§ 3.1.14　連続する複数の項を改める

×第15条第2項及び第3項を次のように改める。
2　　市長は、前項の規定による調査の結果、・・・・・・計画書を作成し、これを提出
×すべきことを指示することができる。
3　　市長は、前項の規定により指示を受けた者が、・・・・・・計画書を提出すべきこ
×とを命ずることができる。

注：条建ての第2項以下は、項番号を1字目から規定する。

§ 3.1.15　各号列記以外の部分の全部を改める

×第31条第1項各号列記以外の部分を次のように改める。
××市長は、事業者が次の各号のいずれかに該当する場合は、当該事業者に対し、
×必要な措置を講ずるよう勧告することができる。

注：号を伴う条文の柱書き部分を「各号列記以外の部分」というが、この改正は、事例のように、
　　3字目から規定し、2行目以下は2字目で折り返す。

§ 3.1.16　ただし書の全部を改める

×第37条第1項ただし書を次のように改める。
××ただし、当該変更が軽微な変更その他の規則で定める変更に該当するときは、
×この限りでない。

注：ただし書の改正規定も、3字目から規定し、2行目以下は2字目で折り返す。「本文」を改
　　める場合があれば、同様に規定する。

§3.1.17 号の全部を改める

×第9条第1項中「第1条第3項第7号」を「第1条第2項第7号」に改め、同項第1号を次のように改める。
×（1）客室は、収容定員に応じた十分な広さを有していること。

§3.1.18 各号の全部を改める

×第12条第1項中「第8条及び」を「第7条及び」に改め、同項各号を次のように改める。
×（1）旅館・ホテル営業　第8条の基準
×（2）簡易宿所営業　第9条の基準

注：全ての号を呼称する場合は「各号」と規定する。これに対し、当該号以外の多数の号が存在する場合は、例えば「2号」というように、号の数を示すこととされている。

§3.1.19 項の後段を改める

×第8条第1項後段を次のように改める。
××この場合において、更生施設における生活指導等については、第18条の規定を
×準用する。

注：ただし書と同様である。「前段」を改める場合があれば、同様に規定する。

§3.1.20 アイウなどを改める

×第23条第5項第2号イを次のように改める。
××イ　子ども・子育て支援交付金及び仕事・子育て両立支援事業費

注：イロハの場合も同様である。

1．構成単位全体を改める　35

2．構成単位を加える

設問 全50条の本則中で、第27条の次に1条を加えるには、どうするか。本則は章建てで第27条は第4章の中ほどに位置する。

改正例

§3.2.1　枝番号の条を新たに加える

×第27条の次に次の1条を加える。
×（緊急時等の対応）
第27条の2　指定介護老人福祉施設は、あらかじめ、第4条第1号に掲げる医師と
×の連携方法その他の緊急時における対応方法を定めなければならない。

解説

（1）条を新たに加える

　条を新たに加える場合、原則として新たな条の入る場所を空けておき、その前の条の次に1条など加える数の条を加えるとし、その次に新たな条をあるべき位置に置く。これは本来、条の移動を伴うことになる（移動を伴う場合の改正例は、次章を参照）。しかし、新たな条の入る場所を空けずに加えることができる場合がある。それが枝番号の条を加える場合と本則・附則の末尾に条を加える場合である。§3.2.1は枝番号の条を加える例であり、本則の末尾に加えるのは次の例になる。

§3.2.2　本則の末尾に新たな条を加える

×本則に次の2条を加える。
×（適用除外）
第29条　都市施設の整備について、その存する場所の属する市町村の条例により、整
×備基準に適合させるための措置と同等以上の措置を講ずることとなるよう定めてい
×る場合は、第14条、第15条及び第2章第4節の規定は、適用しない。
×（委任）

> 第30条　この条例に定めるもののほか、この条例の施行について必要な事項は、規
> ×則で定める。

　注：従来は本則が28条で構成されていた。
　　　この条例が章建てになっていて、目次がある場合には、末尾の章の末尾の条名が変わること
　　　になるから、目次の改正が必要となる。また、本則から附則にかけて通し条名になっている
　　　場合には注意が必要である。

（2）構成単位を新たに加える

　基本的に、新たに構成単位の規定を加える場合も、条を追加する場合と同様である。た
だし、項は枝番号を使用しないので、条の末尾に加える場合を除き、項の移動を伴うこと
になる。また、アイウなど数の概念がないものも、枝番号に該当するものはないので、途
中に追加する場合には移動が必要となる。

§3.2.3　前文を新たに設ける

> ×目次の次に次のように加える。
> ×受動喫煙が健康に及ぼす影響は大きく、がん、虚血性心疾患、脳卒中等の発症と
> の関連や、母子においては・・・・・・。
> 　・・・・・・

　注：前文は、目次の次に置くことが多くなっている。目次がない場合は、題名の次に置くことになり、
　　　その場合には、「題名の次に次のように加える。」とする。なお、目次がある場合で、目次中
　　　に「前文」が表示されていないときは、目次を改正して「第1章・・・」の前に2字目から「前
　　　文」を規定する改正も行う。

§3.2.4　枝番号の章を新たに加える

> ×第3章の次に次の1章を加える。
> ×××第3章の2　港湾協力団体
> ×（港湾協力団体の指定）
> 第41条の2　港湾管理者は、次条に規定する業務を適正かつ確実に・・・・・・。
> 　・・・・・・

　注：枝番号の章を加えるので、通常は、これに属する条も枝番号となり、後続する章や条の整理

は原則として不要となる。もちろん、これに伴って目次の改正は必要となる。

なお、章単位で新たに加える場合には、「章の次に加える。」とする。条によって場所を特定することもできないわけではないが、章の単位で扱うということである。この場合、この章には、これに属する条も新たに加わるので、これを一括して加えることになる。枝番号でない場合は、この章が加わったことによって、条・章の移動等の措置が必要となり、これについては次章で解説する。

§3.2.5　本則の末尾に章を新たに加える

×本則に次の1章を加える。

×××第5章　罰則

第37条　第30条第2項の規定に違反した者は、・・・・・・。

注：本則の末尾に章を新たに加えるには、単に、本則に加えるとする。当然これ に属する条も含めて規定する。なお、目次の改正は必要となる。

§3.2.6　複数の節を加える

×第6章中第45条の次に次の6条及び3節を加える。

×（会計監査人の資格等）

第45条の2　会計監査人は、公認会計士（外国公認会計士・・・・・・）・・・・・・。

・・・・・・

××××第2節　・・・・・・

×（会計監査基準）

第45条の8　・・・・・・。

・・・・・・

××××第3節　・・・

・・・・・・

××××第4節　・・・

・・・・・・

注：第1節の節名は既に付されている。新たに第45条の2から第45条の7までが第1節に追加され、第2節から第4節までが新たに追加される。

38　事例編　第3章　構成単位の全体の改正

§3.2.7　複数の款を加える

×第46条の11の次に次の10条及び2款を加える。

×（清算法人についての破産手続の開始）

第46条の12　清算法人の財産がその債務を完済するのに・・・・・・。

・・・・・・・・・・・・

×××××第2款　・・・・・・

×（清算法人についての破産手続の終了）

第46条の22　・・・・・・。

・・・・・・・・・・・・

×××××第3款　・・・・・・

×（手続終了の告知）

第46条の28　・・・・・・。

・・・・・・・・・・・・

注：第1款の款名は既に付されている。

§3.2.8　条の末尾に新たに項を加える

×第18条に次の1項を加える。

6　前条第3項の規定は、前項の延滞金額について準用する。

注：第18条が5項で構成され、末尾に加える場合の例である。末尾に加える際は、条に加える、項に加える等とし、構成している単位の名称は表示しない。これに対し、中間に加える場合は、例えば、「第5項の次に次の1項を加える。」のように構成単位の次に加えるとする。

§3.2.9　項の末尾に新たに号を加える

×第27条第1項に次の1号を加える。

×（5）介護医療院である指定事業所　当該指定事業所に置くべき医師

2．構成単位を加える　39

§3.2.10　項に新たに各号を加える

×第79条第1項に次の各号を加える。
×（1）医師
×（2）理学療法士、作業療法士又は言語聴覚士

§3.2.11　各号の中に枝番号の号を新たに加える

×第45条中第7号の次に次の1号を加える。
×（7）の2　看護職員

注：改正の柱書きは、「第45条第7号の次に次の1号を加える。」としてもよい。

§3.2.12　アイウの末尾に新たに加える

×第7条第4号に次のように加える。
××エ　宿泊者の利用しやすい位置に設けること。

注：第7条第4号は、アからウまでで構成されていた。アイウには、構成単位としての名称がないので、「号に次のように加える。」とする。ただし、アイウ等の中間に加える場合は、例えば、「ウ（記号）の次に加える。」とする。

§3.2.13　ただし書を加える

×第3条第1項第8号に次のただし書を加える。
×××ただし、規則で定める場合には、この限りでない。

注：号にただし書を加える場合は、新たな規定を4字目から規定する。条や項、アイウにただし書を加える場合も同様であるが、書き出しは、条・項の場合は3字目から、アイウでは5字目からとなる。

§3.2.14　各号がある項にただし書を加える

×第34条第1項中「次に掲げる場合には」を「次の各号に掲げる場合において、否認しようとする行為の相手方に対して否認の原因があるときは」に改め、「否認権は、」の次に「当該各号に規定する」を加え、同項に次のただし書を加える。
××ただし、当該転得者が他の転得者から転得した者である場合においては、当該
×転得者の前に転得した全ての転得者に対しても否認の原因があるときに限る。

§3.2.15　後段を加える

×第5条第1項に後段として次のように加える。
××この場合において、看護職員の配置基準については第3条第1項及び第2項の
×規定を準用する。

§3.2.16　項の各号列記以外の部分に後段を加える

×第26条第4項各号列記以外の部分に後段として次のように加える。
××この場合において、当該保安林が、第1号に該当するとき、又は第25条第1項
×第1号から第3号までに掲げる目的を達成するため指定され、かつ、第2号に該
×当するときは、知事の同意を得なければならない。

（3）構成単位を新たに付する

　章、節など、条や項、号などを追加する場合には「加える」とするが、「付する」とする場合がある。題名を新たに付する、目次を新たに付する、見出しを付するなどである。「付する」は通常、実体的な規定でない説明的な部分について使う。

§3.2.17　題名を新たに設ける

×次の題名を付する。
×××○○市の休日に関する条例

　注：題名のない条例（件名のみ）はほとんどないから、実際に新たに付することは少ない。

§3.2.18　目次を新たに設ける

×題名の次に次の目次及び章名を付する。

目次

×第1章　総則（第1条－第3条）

×第2章　拠出金の納付及び再処理等の実施

××第1節　拠出金の納付（第4条－第8条）

××第2節　再処理等の実施（第9条）

×第3章　使用済燃料再処理機構

・・・・・・

×第5章　罰則（第62条－第68条）

×附則

×××第1章　総則

注：目次を付することは、本則を章構成にすることであり、目次と同時に第1章の章名も付することになる。前文がこの間にある場合には、第1章の章名は目次とは別に、第1条の前に付することになる。

§3.2.19　章名を新たに付する

×第5章の章名を削り、第20条の次に次の章名を付する。

×××第5章　罰則

注：章名を新たに置く場所を特定する。この事例は、第20条より前に第5章の章名があり、これを削って、新たに第20条の次に第5章の章名を置く改正である。

§3.2.20　章名と節名を新たに同時に付する

×第9条の次に次の章名及び節名を付する。

×××第3章　使用済燃料再処理機構

××××第1節　総則

注：章名に続けて第1節が来るから、第1節の節名を同時に付することになる。

§3.2.21　章名を付するとともに、引き続いて条を新たに加える

×第21条の前の見出し及び同条を削り、第20条を第61条とし、同条の次に次の章名及び1条を加える。
×××第5章　罰則
第62条　第27条（第40条において準用する場合を含む。）の規定に・・・・・・。

注：第21条を、共通見出しを含めて削るのは、章名を付することとは直接の関係はないが、少なくとも、第22条以降の条は、別に整理しておく必要がある。その上で、新第61条の次に第5章を新設するが、その冒頭の条が第62条である。第63条以降がどのような経緯をたどったかはここでは不明であるが、第5章が、少なくともその一部を含んで新設された結果になる。本来、第5章の章名を付し、さらに第62条を新たに加える、とする改正をすることになろうが、前後の関係から、条とともに章名や節名等を設ける場合は、便宜上「加える」として一括して追加することとされている。

§3.2.22　節名を新たに付する（条の次に）

×第14条の次に次の節名を付する。
××××第2節　設立

注：節名を設けるということは、条が増設されたことが想定され、第14条より後の条の整理が必要となる場合がある。

§3.2.23　節名を新たに付する（条の前に）

×第55条第1項中・・・・・に改め、第6章中同条の前に次の節名を付する。
××××第1節　市民緑地契約

注：第6章の第1節として、かつ、第55条はその第1節の冒頭の条であり、その前に、この節名を付する。

§3.2.24　節名とこれに続く款名を新たに同時に付する

×第5条の次に次の節名及び款名を付する。
××××第2節　情報処理安全確保支援士等
×××××第1款　情報処理安全確保支援士

§3.2.25　款名を新たに付する（条の次に）

> ×第37条の次に次の款名を付する。
> ×××××第2款　評議員等の選任及び解任

§3.2.26　款名を新たに付する（条の前に）

> ×第6章第3節中第36条の前に次の款名を付する。
> ×××××第1款　機関の設置

注：第3節中の従来の款を繰り下げ、新たに第1款を設けたもので、新たに加えられる款の冒頭の条が第36条となる。

§3.2.27　条を一括して新たに加え、その直後に新たに款名を付する

> ×第6条の次に次の22条及び款名を加える。
> ×（情報処理安全確保支援士の資格）
> 第7条　情報処理・・・・・。
> 　・・・・・・
> ×（規則への委任）
> 第28条　この款に定めるもののほか、支援士試験、登録、講習その他この款の規定
> ×の施行に関し必要な事項は、規則で定める。
> ×××××第2款　情報処理技術者試験

注：新たに加えられる第7条から第28条までは、第6条も含めて、第1款に属することになり、第29条から第2款になる。第28条の次に次の款名を付する、と規定できればよいが、第28条は新設であり、これを特定できない。したがって、本来、款名は「付する」とすべきであるが、§3.2.21の注でも説明したように、22条と款名を続けて加える、とする。

§3．2．28　見出しを新たに付する

> ×附則を附則第1項とし、同項に見出しとして「（施行期日）」を付し、附則に次の見出し及び2項を加える。
> ×（失効等）
> 2　この条例は、・・・・・・日限り、その効力を失う。
> 3　この条例は、・・・・・・までに行われた事業を対象とする。

注：施行期日のみの附則に2項を加えるために、附則を項建てにし、第1項となる項に見出しを付する。当然に、2・3項に見出しを付してこれを追加する（事例は、共通見出しとしている）。

§3．2．29　見出しを削り、新たに共通見出しを付する

> ×附則第2条の見出しを削り、同条の前に見出しとして「（検討等）」を付し、同条の次に次の1条を加える。
> 第2条の2　市長は、質の高い教育・保育その他の・・・・・・。

注：事例は附則であるが、本則でも同じである。なお、新たに共通見出しとして付するものが、旧附則第2条の見出しと同じ語句（ここでは（検討等））であっても、条の見出しと、複数の条の共通見出しとは異なるものとして、このように扱う。

§3．2．30　共通見出しを削り、共通見出しの直後の条を削り、次の条に通常の見出しを付する

> ×第11条の前の見出し及び同条を削る。
> ×第12条に見出しとして「（印紙税の非課税）」を付し、同条を第11条とする。

注：共通見出しは第11条と第12条に付されていたが、第11条を削り、同じ見出しを付して第12条を第11条とする。これも、共通見出しと通常の見出しは異なるものという前提である。

2．構成単位を加える　45

3．構成単位を削る

設問 次の条例は章建てになっているが、その必要がなくなったので、章建てをやめることにする。目次部分をどのように改正すべきか。

◎現行条例
　　　○○市街並みづくり推進条例
目次
　第1章　総則（第1条・第2条）
　第2章　街並み景観づくりの施策（第3条―第6条）
　第3章　雑則（第7条）
　附則
　　　第1章　総則
　　　・・・・・・

改正例

§3.3.1　目次を削る

×目次及び第1章の章名を削る。

注1）本則の章構成もやめることになるから、第1章の章名も同時に削ることになる。もちろん、この後で、第2章、第3章の章名も削る必要がある。なお、「目次を削る。」として、その次に『「第1章　総則」を削る。』と改正規定を置くこともできる。
　2）目次と第1章の章名を同時に扱う際、新たに追加する場合は、「目次及び章名を付する」として、一括して規定したのに対し、削る場合は、「目次及び第1章の章名を削る」のように、章名を特定するのは、列記されている他の章名も存在することから、該当箇所を明確に区分するためである。

解説

　構成単位を削るということは、その規定を抹消することであり、「削除」とすることと異なり、いわば、痕跡もとどめない。条や項を削ると、その部分は空きになってしまうので、

後続する条や項を移動させて、その空きを埋めなければならない。ただし、枝番号の末尾の条や、末尾の項、本則や附則の末尾の条は、そのような措置を必要としない。なお、目次などの整理が必要となる場合はある。

§3.3.2　章を削る

> ×第4章を削る。

注：第4章に属する条も全て削られる。後続する章や条の整理が必要となる。

§3.3.3　条を削る

> ×第16条を削る。

注：この場合、移動等の措置をしていなければ、本則の最後尾の条ということになるが、別の改正によって条の移動が必要となる場合もある。なお、連続する条を削る場合も同様である。

§3.3.4　連続する枝番号の条を削る

> ×第39条の2から第39条の4までを削る。

注：これ以降に枝番号が続いていない場合、条の移動をする必要はない。仮に、続いている場合であれば、これに続けて繰り上げる処置をする必要がある。

§3.3.5　項を削る

> ×第51条第2項を削る。

注：条の最後の項を削る場合である。

§3.3.6　連続する項を削る

> ×第10条の見出しを「（借地権の対抗力）」に改め、同条第3項及び第4項を削る。

注：これも条の最後の2項を削る場合である。

3．構成単位を削る　47

§3.3.7　附則の連続する項を削る

×附則第5項から第8項までを削る。

注：附則は項建てで、8項で構成の場合である。

§3.3.8　号を削る

×第6条第1項第6号を削る。

注：項の末尾の号の場合である。号の移動は不要となる。

§3.3.9　各号を削る

×第34条第3項中「次の各号に掲げる数値のいずれをも」を「10分の2.5を」に改め、同項各号を削る。

注：各号列記以外の部分で各号に言及する部分を削る（ここでは「改める」）などの整理が必要である。

§3.3.10　ただし書を削る

×第6条第1項ただし書を削る。

注：構成単位である「ただし書」等を削る場合は、「第6条第1項中」とはしない。

§3.3.11　後段を削る

×第11条後段を削る。

§3.3.12　アイウなどを削る

×第25条第3号オを削る。

注：これも末尾のものを削る場合である。

事 例 編

第4章

構成単位の移動の改正

1．移動の原則（条の繰上げと繰下げ）

設問　次の表は、改正前と改正後の条の対応関係を示している。この改正を行う改正規定はどのようになるか。各条の内容には改正がないものとする。

◎　改正前   ◎　改正後
　　　　　第2章   　　　　　第2章
第16条   第16条
　　（加える）   新第17条
第17条   第18条
第18条   第19条
第19条   第20条
第20条   第21条
第21条　（削る）
　　　　　第3章   　　　　　第3章
第22条　（削る）
第23条   第22条
第24条   第23条
第25条   第24条
第26条   第25条

改正例

§4.1.1　条を削り、条を繰り下げて、条を加える

×第21条を削り、第2章中第20条を第21条とし、第17条から第19条までを1条ずつ繰り下げ、第16条の次に次の1条を加える。
×（学資の支給）
第17条　第13条第1項第1号に規定する学資として支給する・・・・・・。

§4.1.2　条を削り、条を繰り上げる

×第22条を削り、第3章中第23条を第22条とし、第24条から第26条までを1条ずつ繰り上げる。

解説

　構成単位は、章・節、条、項、号など順番を付けられるものは、その順番に並べられるから、これらを削ったり、その間に新たに加えたりする場合には、既存の規定の移動を伴うことになる。章・節にしても、条にしても、また項はそれ以上に、これらを加えるにはその加えられる場所を空けなければならないし、反対に、これらを削るとその空いた場所を埋めなければならない。移動を伴うことになる所以である。

　もっとも単純な移動は、例えば第20条を第21条にする、あるいはその反対であるが、これは端的に「第20条を第21条とする」と規定する。この逆も同じである。

　移動させる場合、3個までであれば、これを繰り返す（「第20条を第21条とし、第19条を第20条とし、第18条を第19条とする」）が、4個以上連続する場合には、1個については「とする」で移動させ、これに続くものは何条ずつか「繰り上げる」「繰り下げる」とする。上の改正例は、その両方を示している。アイウ等の場合も同じように順番として扱う。

　基本は上述のとおりであるが、これに各規定での改正が織り込まれることが多く、その場合は、それを一つ一つ規定していき、その上で移動をする、という作業になる。

　また、章建ての場合には、その移動が章の中なのか外なのかを明らかにする必要が生じる場合もある。この場合、章に含まれる条が追加によって繰り下がるときは、章に含まれる末尾の条を移動する際に、例えば「第5章中第25条を第27条とする」と規定し、逆に、章に含まれる条が削られて繰り上がるときは、章に含まれる冒頭の条を移動する際に同様に規定する。さらに、条の見出しと共通見出しは、その扱いに差を生じるので、条を削ったり加えたりする場合に注意を要する。

　なお、条を全部改正することによって条名を変更することはできないこととされている。（例えば、第5条を次のように改める、として、第9条・・・・・。　とすることはできない。この場合は、第5条を削り、新たに第9条として、実際上旧第5条を改正した内容の条を加えることになる）。

§ 4．1．3　条の改正を行い、条を移動する

×第９条中「第７条」を「第６条」に改め、同条を第８条とし、第10条を第９条とする。

§ 4．1．4　中間で条の改正を行いながら、連続する条を移動する

×第９章中第79条を第80条とし、第78条を第79条とする。

×第77条第３号中「第71条」を「第72条」に、「知事の」を「市長の」に改め、同条を第78条とする。

×第76条を第77条とし、第75条を第76条とし、第８章中第74条を第75条とする。

注：第74条から第79条までの６条を１条ずつ繰り下げる改正で、途中に改正がなければ、一つの改正規定で済むが、途中で改正が加わるので、三つの改正規定に分けられることになる。なお、新第75条は第８章の末尾の条であり、新第80条は第９章の末尾の条となる。

§ 4．1．5　条をまとめて移動する

×第６条中「第９条」を「第８条」に改め、同条を第５条とし、第７条から第９条までを１条ずつ繰り上げる。

注：移動の対象が連続する４条であるから、第７条から第９条までを一括して繰り上げることができる。

2．章・節の移動

設問　現行の第5章を第6章に移動し、次のように構成される新第5章を追加するには、どのような改正をすればよいか。

◎新たに追加する第5章
　×××第5章　居宅訪問型児童発達支援
　××××第1節　基本方針
　×（基本方針）
　第79条の2　居宅訪問型児童発達支援に係る指定通所支援・・・・・・。
　××××第2節　人員に関する基準
　×（従業者の配置の基準）
　第79条の3　・・・・・・。
　　・・・・・・

改正例

§4.2.1　章を移動し、章を加える

×第5章を第6章とし、第4章の次に次の1章を加える。
×××第5章　居宅訪問型児童発達支援
××××第1節　基本方針
×（基本方針）
第79条の2　居宅訪問型児童発達支援に係る指定通所支援・・・・・・。
××××第2節　人員に関する基準
×（従業者の配置の基準）
第79条の3　・・・・・・。
　・・・・・・

解 説

　章・節・款・目などの移動も基本的には条の場合と同様である。条単位ではなく、これらの単位で移動するが、当然、その単位が追加される場所を確保するための移動、あるいは削った場所を埋めるための移動となる。なお、上の改正例では、新第5章は枝番号による条で構成される。したがって、新第6章の条には変更はない。また、旧第5章以降にまだ章がある場合には、その章をあらかじめ移動しておく必要がある。

§4.2.2　節を移動し、節を加える

> ×第9章中第7節を第8節とし、第6節の次に次の1節を加える。
> ××××第7節　共生型介護予防短期入所生活介護に関する基準
> ×（共生型介護予防短期入所生活介護の基準）
> 第64条の2　介護予防短期入所生活介護に係る・・・・・・。
> ×（準用）
> 第64条の3　第51条、第53条、・・・・・・の規定は、共生型介護予防短期入所生活介
> ×護の事業について準用する。この場合において、・・・・・・。

注：新第7節は枝番号の条で構成されるため、新第8節の条名には変更がない。これを第9章中の末尾の節と考える。なお、規定としては、「第9章中」が「加える」まで及んでいる。「第9章第7節を同章第8節とし、同章第6節の次に・・・・・・」とすることも可能である。

§4.2.3　節を移動し、その節の次に節を加える

> ×第6章中第4節を第6節とし、同節の次に次の1節を加える。
> ××××第7節　社会福祉充実計画
> ×（社会福祉充実計画の承認）
> 第55条の2　社会福祉法人は、毎会計年度において・・・・・・。
> ・・・・・・

注：新第6節の前に新たに2節が加わる前提であり、新第6節に移動させ、その後ろに新第7節（枝番号の条で構成される）を加える。この場合は、新第6節を「同節」として受けて、その次に新第7節を加えるとする。

54　事例編　第4章　構成単位の移動の改正

3．条の移動等と見出しの扱い

設問　共通見出し「（設立準備会）」が付された第14条と第15条がある。これをそのまま第12条・第13条とする改正はどのようにするか。

改正例

§4.3.1　共通見出しに続く条を移動し、改めて共通見出しを付する

> ×第14条の前の見出しを削り、同条を第12条とし、同条の前に見出しとして「（設立準備会）」を付し、第15条を第13条とする。

解説

　条を移動すると、その条の見出しも当然にこれに付随して（条と一体として）移動するのが原則である。しかし、共通見出しの場合は、これに続く条のみの見出しではないため、条とは別個に扱わざるを得ない。したがって、共通見出しに続く条を移動させる場合、同じ共通見出しとするにしても、一旦共通見出しを削っておいて条を移動させ、また新たに共通見出しを付さなければならない。また、共通見出しに続く複数の条のうち、一つの条のみ残して他を削るなどの措置をとる場合、同じ見出しを維持するときであっても、共通見出しを削り、新たに見出しを付する、としなければならない。

§4.3.2　新たに共通見出しを付して、その直後に条を新たに加える

> ×第11条の見出しを削り、同条を第10条とし、同条の前に見出しとして「（施設運用基準の特例）」を付し、同条の次に次の１条を加える。
> 　第11条　総合効率化事業者がその施設を事業の用に供する場合において・・・・・・。

　注：旧第11条の見出し（通常の見出し）も「（施設運用基準の特例）」であるが、これを第10条に移動し、新たに見出しのない新第11条を加え、この２条の共通見出しとして改めて付する改正である。

§4.3.3　共通見出しを削り、通常の見出しを付する

×第56条の前の見出しを削り、同条に見出しとして「（準用）」を付し、同条中「（次条において同じ。）」を削り、第57条を削る。

注：第56条と第57条の共通見出しとして「（準用）」が付されていたものを、第57条を削ることにより、第56条の見出しを新たに付する。この場合、第56条に付される通常の見出しは、構成の順に従って改正より先に付される。

§4.3.4　共通見出しを削り、各条に通常の見出しを付する

×第12条の前の見出しを削り、同条に見出しとして「（倉荷証券の発行）」を付し、同条第4項中「第10条」を「第15条」に改める。
×第13条に見出しとして「（倉荷証券の記載事項等）」を付し、同条中「第10条」を「第15条」に改める。

§4.3.5　共通見出しとこれに続く複数の条を加える

×第10条の次に次の見出し及び2条を加える。
×　（格付の制限）
第10条の2　この条例により給付を受ける・・・・・・。
第10条の3　組合がこの条例に基づき・・・・・・。

注：共通見出しが冒頭にあって、これに続く条を追加する場合は、共通見出しは直後の条とは別個のものであるため、見出しと加える条の数を規定することとされている。

56　事例編　第4章　構成単位の移動の改正

4．条の移動と章・節への帰属

設問 次のような改正をするには、どのようにしたらよいか。

◎　改正前

・・・・・・

第3章　第1節　第12条・第13条

第2節　第14条・第15条

第3節　第16条

第4節　第17条～第22条

◎　改正後

新第3章　　第12条～第21条

新第4章　第1節　第22条・第23条

第2節　第24条・第25条

第3節　第26条

第4節　第27条～32条

改正例

§4．4．1　章を新たに加え、条の移動とともに章・節を移動する

×第22条中「第32条」を「第42条」に改め、第3章第4節中同条を第32条とし、第17条から第21条までを10条ずつ繰り下げ、同章第3節中第16条を第26条とし、同章第2節中第15条を第25条とし、第14条を第24条とし、同章第1節中第13条を第23条とする。

×第12条中「前章」を「第2章」に、「第22条」を「第32条」に改め、第3章第1節中同条を第22条とし、同章を第4章とし、第2章の次に次の1章を加える。

×××第3章　日中サービス支援型援助

×（趣旨）

第12条　・・・・・・。

・・・・・・

×（準用）

第21条　・・・・・・。

注：旧第3章末尾の第22条より後は、既に10条分空いているか、これが本則の末尾に位置するか、いずれかであるとする。

解説

　章・節等とともに条を移動する場合、移動される条が、どの章・節等に属することになるのかを明確にしなければならない。したがって、原則として、その条が章・節等の冒頭又は末尾になる場合には、これがどこに属することになるのか明示する必要がある。そのために、移動する（「～とする」）ときに、「～章中・・・とする」と規定することになる。なお、繰上げ・繰下げは、章・節等をまたいでまとめて移動させることができないから、その中間で移動する場合にのみ使える。また、条を章・節等の中間で移動する場合には、どの章・節等に属するかは特に明示しなくてもよいことになる。

　章・節等をそのまま移動する場合のほか、実体的に章・節等を移動するのと同様の結果となるのが、「章名・節名等を付する」とする改正方法である。章・節等の末尾にある条の次に新たに章名・節名等を付することによって、結果的に新たな章・節等が設けられることになる。条の移動と同時にこの方法を併用した方が改正がうまくいく場合も多い。

§４．４．２　章の冒頭の共通見出しの条を、繰り上げて同じ章の冒頭とする

> ×第９条の前の見出しを削り、同条第２項中「、同条例」を「若しくは同条例」に改め、第３章中同条を第８条とし、同条の前に見出しとして「（設備基準の特例）」を付し、第10条を第９条とする。

　注：旧第９条及び第10条が共通見出しの下にあり、かつ、これらが第３章の冒頭にある。これをそのまま１条ずつ繰り上げる改正である。

§４．４．３　条を繰り下げて、章の末尾とする

> ×第20条中「概要」を「概況」に改め、「政府が」及び「の実施の状況」を削り、第４章中同条を第21条とする。

　注：新第21条は第４章の末尾に位置付けられる。

§4.4.4　章の末尾に条を加える

×第17条中「学資金」を「学資貸与金」に改め、第3章中同条の次に次の3条を加える。
×　（学資の支給）
第17条の2　第13条第1項第1号に規定する学資として支給する資金・・・・・・。
×　（学資支給金の返還）
第17条の3　・・・・・・。
第17条の4　・・・・・・。

注1）加えられる条は枝番号であるので、加える場所を確保する必要はない。第3章の末尾に3
　　　条が加えられる。
　2）第17条の3の前の見出しは共通見出しであるが、中間にあるため規定上で意識する必要は
　　　ない。

§4.4.5　条を繰り下げ、章の冒頭に新たに条を加える

×第37条中「第40条第2項に」を「第42条第2項に」に、「第40条第2項各号」を「第
42条第2項各号」に改め、同条を第39条とし、第6章中同条の前に次の2条を加える。
×第37条　市の職員が、第5条の5第1項の規定による認定に関し、・・・・・・。
×第38条　偽計又は威力を用いて、・・・・・・。

注：新第37条が第6章の冒頭の条となる。なお、第6章は罰則で、同章中の条には見出しが付さ
　　れていない例である。

§4.4.6　新たに第1条を加える

×第1条の見出しを「（理念）」に改め、同条を第2条とし、第1条として次の1条
を加える。
×　（目的）
第1条　この条例は、・・・・・・することを目的とする。

注：この場合、特に章への帰属関係を規定する必要はないとされる。また「第1条として」の代
　　わりに「同条の前に」としてもよい。なお、第2条より後の条の移動は当然必要となり、こ
　　れより先に行わなければならない。

§4.4.7　条を繰り下げ、節の冒頭の条とする

×第９章第２節中第76条を第77条とし、第75条を第76条とし、第74条を第75条とする。

注：新第75条が第９章第２節の冒頭にくるから、新第76条、新第77条もこの節に含まれることになる。

§4.4.8　節を移動し、新たに節名を付する

×第３章中第２節を第３節とし、第51条の次に次の節名を付する。
××××第２節　田園住居地域内における建築等の規制

注：第51条は第３章第１節の末尾にあり、この条の次に新第２節の節名を付することによって、次の条から第２節となる。

§4.4.9　章を節に変更し、章を繰り上げる

×第７章の章名を削り、第60条の前に次の節名を付する。
××××第２節　市民緑地設置管理計画の認定
×第８章を第７章とし、第９章を第８章とし、第10章を第９章とする。

注：第60条が旧第７章の冒頭にあったが、この章を取りやめ、節に変更する。これは第６章第２節となる。ここでは省略されているが、当然第６章には第１節の節名も付される。第７章がなくなったことにより、第８章から第10章までを繰り上げることになる。

5．項の新設・廃止と移動

設問　第1項から第6項までで構成される条において、第3項として新しく項を追加するにはどうするか。各項において整理のための改正が必要であるので、併せてこれも行う。

改正例

§4.5.1　項を移動し、中間に項を加える

×第48条第1項中「においては」を「には」に、「1戸について」を「1戸」に改め、同条第2項中「においては」を「には」に、「第6項」を「第7項」に改め、同条第6項中「第1項又は第2項」を「第1項から第3項まで」に、「第4項前段」を「第5項前段」に、「第3号又は第2項」を「第3号、第2項又は第3項」に改め、同項を同条第7項とし、同条第5項中「又は第2項」を「から第3項まで」に改め、同項を同条第6項とし、同条第4項中「及び第2項」を「から第3項まで」に、「第3号又は第2項」を「第3号、第2項又は第3項」に改め、同項を同条第5項とし、同条第3項中「においては」を「には」に、「前2項」を「前3項」に改め、同項を同条第4項とし、同条第2項の次に次の1項を加える。
　3　土地の取得に対して課する不動産取得税は、・・・・・・。

解説

　項を新設・追加する、項を削るとする場合、項には枝番号を使用することができないし、項を「削除」とすることもできないから、常に項の移動が必要となる。移動は、原則として、その条の中だけで行われる。移動の方法としては、「○条中第2項を第3項とする。」とするか、「○条第2項を同条第3項とする。」というように移動させるか、どちらかである。

　なお、項番号のない場合は、移動そのものは必要ではない。ただし、項を特定するためには第1項などと呼ぶ必要があるから、序数による把握をすることにはなるが、第1項と第2項の間に新第2項を加える場合も、単に「第1項の次に次の1項を加える。」とすることで足りる。ただし、間に複数の項を別々に加える場合には、加える場所の特定において、はじめから順に加えていくとすると、後の特定が新のものか旧（現在）のものか分かりに

くくなる。したがって、このような場合は、後ろの方から順次加える、削る、をしていかなければならない。これは前文の改正においても同様である。

§4.5.2　3項からなる条に、新たに第2項と第4項と第6項を加える

×第18条第1項中「法第72条第2項又は」を「これらの規定を法第72条第2項及び」に、「によって」を「により」に改め、同条第3項中「によって」を「により」に改め、同項を同条第5項とし、同条第2項中「によって」を「により」に改め、同項を同条第3項とし、同項の次に次の1項を加える。

4　前条第3項の規定は、前項の延滞金額について準用する。この場合におい
×て、・・・・・・。

×第18条第1項の次に次の1項を加える。

2　前条第3項の規定は、前項の延滞金額について準用する。この場合におい
×て、・・・・・・。

×第18条に次の1項を加える。

6　前条第3項の規定は、前項の延滞金額について準用する。この場合におい
×て、・・・・・・。

注：まず末項の旧第3項を新第5項とし、旧第2項を新第3項とすることによって、新第2項と新第4項の場所が確保される。そこで、新第4項を加え、次いで新第2項を加える。最後に、末尾に新第6項を加える、という手順になる。

§4.5.3　項を新たに加え、これに伴い多くの項を移動する

×第9条中第22項を第23項とし、第19項から第21項までを1項ずつ繰り下げ、同条第18項中「建ぺい率」を「建蔽率」に改め、同項を同条第19項とし、同条第17項を同条第18項とし、同条第16項中「建ぺい率」を「建蔽率」に改め、同項を同条第17項とし、同条中第15項を第16項とし、第8項から第14項までを1項ずつ繰り下げ、第7項の次に次の1項を加える。

8　田園住居地域は、農業の利便の増進を図りつつ、・・・・・・。

注：第8項を新設するから、22項ある条の末尾の項を第23項とし、第8項までを1項ずつ繰り下げる改正であるが、途中、項における改正が入る（旧第18項、旧第16項）ので、一括して繰下げをすることができない。

§4.5.4　新たに第1項を加える

×第15条の見出しを「（航行制限等）」に改め、同条第3項を同条第4項とし、同条第2項を同条第3項とし、同条第1項中「公安委員会は」の次に「、前項の規定により」を加え、同項を同条第2項とし、同条に第1項として次の1項を加える。
××公安委員会は、この条例の目的を達するため、・・・・・・。

注：第1項であるから項番号は付さない。なお、「同条に」は「同項の前に」としてもよい。

§4.5.5　項番号のない条における項の新設・廃止

×第9条中第3項を次のように改める。
××第7条の規定に違反して・・・・・・。
×第9条中第2項の次に次の1項を加える。
××第6条の規定に違反して・・・・・・。
×第9条に次の1項を加える。
××前条の規定に違反して・・・・・・。

注：第9条は項番号のない全3項で構成されていて、これに新第3項を加え、旧第3項を改めてこれを新第4項とし、新第5項を加える改正をする。結果として全5項で構成されることになる。新第3項を加えると、旧第3項は自動的に第4項にずれてしまい、第3項と引用すると、どちらのものか分かりにくい。したがって、先に旧第3項を改め、次に第2項の次に新第3項を加えるとする。新第5項は末尾のため、単に第9条に加える、とすればよいことになる。

5．項の新設・廃止と移動 | 63

6．号の新設・廃止と移動

 第9条には7号がある。ここに新たに新第6号として次の号を加える。改正規定はどのようになるか。
（6）緊急時における対応方法

改正例

§4.6.1　号を繰り下げ、1号を加える

> ×第9条中第7号を第8号とし、第6号を第7号とし、第5号の次に次の1号を加える。
> ×（6）緊急時における対応方法

解説

号の新設・廃止は、その号が含まれる条・項の中において号の繰上げ・繰下げを伴うことになる。ただし、号も枝番号を使用することが可能であるから、これを加える場合には、原則として移動する必要は生じない。枝番号の号を削る場合には、枝番号の中で繰上げなどをする必要が生じる場合がある。

§4.6.2　新たに第1号を加える

> ×第60条第1項中第5号を第6号とし、第2号から第4号までを1号ずつ繰り下げ、同項第1号中「建築物の敷地面積」を「土地等の区域の面積」に改め、同号を同項第2号とし、同号の前に次の1号を加える。
> ×（1）市民緑地を設置する土地等の区域の周辺の地域において、……。

§4.6.3　1号を削り、新たに連続しない2号を加える

×第31条第1項中第14号を第15号とし、第10号から第13号までを1号ずつ繰り下げ、第9号を削り、第8号を第10号とし、第7号を第9号とし、同項第6号中「会議」を「理事会」に改め、同号を同項第7号とし、同号の次に次の1号を加える。
×（8）第34条第2項の規定による届出がされた事業
×第31条第1項中第5号を第6号とし、第4号の次に次の1号を加える。
×（5）第35条第1項の規定による認可を受けた事業

7. アイウの新設・廃止と移動

設問　第5条第2項第2号にアからセまでが置かれているが、新たにキとして次のものを加えるには、どのような改正を行うか。
　　　キ　1年以上5年未満　120日

改正例

§4.7.1　アイウの途中に新たに一つ加え、移動する

> ×第5条第2項第2号中セをソとし、キからスまでをクからセまでとし、カの次に次のように加える。
> ××キ　1年以上5年未満　120日

注：アイウは順序に並んでいると考えられるから、キからスまでを一括して移動させることができるとされている。（過去には、スをセとし、シをスとし、サをシとし、・・・・・・と1個ずつ移動させていたときもある。）イロハの場合は、イからカまでの中に新たにトを加えることになり、「カをヨとし、トからワまでをチからカまでとし、への次に次のように加える。」とすることになる。

§4.7.2　アイウの途中で二つ削り、移動する

> ×第5条第2項第2号中カを削り、キをカとし、クをキとし、ケを削り、コをクとし、サからソまでをケからスまでとする。

注：イロハの場合は、「へを削り、トをへとし、チをトとし、リを削り、ヌをチとし、ルからヨまでをリからワまでとする。」に相当する。

事例編

第5章

複合的な改正

1．章節等の構成の変更

 次のような構成の変更をする場合、改正はどのように行うか。なお、目次は別途改正するものとする（改正前の条は省略。当然、これらの条の改廃移動も行われるが、省略）。

```
◎改正前                          ◎改正後
  第1章　総則                      第1章　総則        第1条〜第3条
  第2章　疾病保険                  第2章　保険者      第4条〜第10条
  第2章の2　災害保険
  第3章　保険給付                  第3章　被保険者
    第1節　通則                      第1節　資格      第11条〜第15条
    第2節　資格                      第2節　標準報酬  第16条〜第23条
    第3節　申請                      第3節　届出等    第24条〜第28条
    第4節　決定等
      第1款　決定
      第2款　裁決
    第5節　給付
    第6節　給付の制限
  第4章　給付事業                  第4章　保険給付    第29条〜第36条
  第5章　費用負担                  第5章　雑則        第37条〜第45条
```

改正例

§5.1.1　章名等を一括して削り、章名等を個別に加える

×第2章の章名、第3章の章名、同章第1節から第3節までの節名、同章第4節の節名及び同節第1款及び第2款の款名、同章第5節及び第6節の節名並びに第4章及び第5章の章名を削る。
×第3条の次に次の章名を付する。
×××第2章　保険者
×第2章の2を削る。

×第10条の次に次の章名及び節名を付する。

　×××第３章　被保険者

　××××第１節　資格

　×第15条の次に次の節名を付する。

　××××第２節　標準報酬

　×第23条の次に次の節名を付する。

　××××第３節　届出等

　×第28条の次に次の章名を付する。

　×××第４章　保険給付

　×第36条の次に次の章名を付する。

　×××第５章　雑則

解説

　改正例は、条が追加されて、従来の条を繰り下げる必要が生じ、同時に章名を削って節建てに切り替えることになり、加えて節建てにした直後に新たな章も追加になる、といった場合を考える。条を繰り下げるのは、本則の末尾から整備することになるが、新たな章を加えるに当たり、前に残っている章とダブってしまうため、従来の章を削らなければならない、というケースである。

　このように、本則内の大幅な編成替えを行う必要が生じた場合に、近年、法律においては、「改正は、条単位で順次に行う」という原則の例外ともいうべき、便宜的な方法として、章名等のみを先に削る改正の例が多く見られるようになった。

　この改正例は骨格だけを示す。章名等を一括して冒頭で削り、順次新たに章名等を付していく。このような方法も可能だろう。丁寧にするならば、条の改廃移動を順次行い、それぞれの箇所で旧の章名等を削って新の章名等を付する、あるいは旧の章名等を新の章名等に改める、といった手順を踏むことになる。なお、第２章の２を削る改正の箇所は、その前後関係により異なった位置に来るかもしれない。

　このような、全体に関わる改正を一括して行い、個別の改正をその後に順次行うという方法は、改正は順次条単位で行うとする原則からは外れるし、個々の規定を確認していっても、改正があるべきところではまた前に戻って確認し、再度その箇所に戻って再開する、という（観念的にせよ）作業を進めなければならない。したがって、一括して行う全体にわたる改正の内容と、分かりやすさという観点から、許容されるかどうかを判断すること

1　章節等の構成の変更　69

になる。例えば、本則中（あるいは、この条例中）「町」を「市」に改める、として次に順次改正を行う、というような例があろうか。

§5.1.2　目次を含む章・節の移動と追加の改正

×目次中

「第5節　基準該当支援に関する基準　（第54条―第59条の2）」を

「第5節　共生型支援に関する基準　（第53条の2―第53条の5）
　　第6節　基準該当支援に関する基準　（第54条―第59条の2）　」に、

「×第5節　基準デイサービスに関する基準　（第77条―第79条）
　　第5章　保育所支援　　　　　　　　　　　　　　　　　　　」を

「×第5節　共生型デイサービスに関する基準　（第76条の2）
　×第6節　基準デイサービスに関する基準　（第77条―第79条）
　　第5章　居宅型支援
　×第1節　基本方針　（第79条の2）
　×第2節　人員に関する基準　（第79条の3・第79条の4）
　×第3節　設備に関する基準　（第79条の5）
　×第4節　運営に関する基準　（第79条の6－第79条の9）
　　第6章　保育所支援　　　　　　　　　　　　　　　　　　　」に、

「第6章　多機能事業所に関する特例　（第88条―第90条）
　　第7章　雑則　（第91条）　　　　　　　　　　　　　　　」を

「第7章　多機能事業所に関する特例　（第88条―第90条）
　　第8章　雑則　（第91条）　　　　　　　　　　　　　　　」に改める。

×第54条第1号を次のように改める。

×（1）　児童指導員

×第59条中「指定事業者」を「指定事業者等」に改める。

×第59条の2中「指定居宅事業者又は指定共生型事業者」を「指定多機能事業者等」に改める。

×第2章中第5節を第6節とし、第4節の次に次の1節を加える。

××××第5節　共生型支援に関する基準

第53条の2～第53条の5　［略］

×第4章中第5節を第6節とし、第4節の次に次の1節を加える。

××××第5節　共生型デイサービスに関する基準

×（準用）

第76条の2　第7条、・・・・・の規定は、共生型デイサービスの事業について準用
×する。

×第7章を第8章とし、第6章を第7章とする。

×第84条から第86条までを次のように改める。

第84条から第86条まで　削除

×第5章を第6章とし、第4章の次に次の1章を加える。

×××第5章　居宅型支援

××××第1節　基本方針

第79条の2　［略］

××××第2節　人員に関する基準

第79条の3・第79条の4 [略]

××××第3節　設備に関する基準

第79条の5　［略］

××××第4節　運営に関する基準

第79条の6〜第79条の9　［略］

注：第2章に新第5節を、第4章に新第5節を加え、第5章・第6章を1章ずつ繰り下げ、4節
　　で構成する新第5章を加える改正である。枝番号の条を使っているので、条の移動はない。
　　なお、上の書式では「〜を」「〜に」の部分で改行しているが、本来は全て続けることとさ
　　れている。

§5.1.3　条の移動と章・節・款の帰属

×第50条の12中「第50条の10」を「第50条の20」に改め、第5章第3節第4款中同
条を第50条の22とし、第50条の7から第50条の11までを10条ずつ繰り下げ、同節第
3款中第50条の6を第50条の16とし、同節第2款中第50条の5を第50条の15とし、
第50条の4を第50条の14とし、同節第1款中第50条の3を第50条の13とし、第50条
の2を第50条の12とし、同節を同章第4節とし、同章第2節の次に次の1節を加える。

××××第3節　日中サービス支援

×××××第1款　趣旨及び基本方針

×（趣旨）

第50条の2　・・・・・・。

〜第4款　〜第50条の11　［略］

注：条を繰り下げるが、それぞれ款の中なので、「第4款中〜」などとして款の末尾を明確にする。
　　この結果、第4款の末尾が第50条の22、第3款の末尾が第50条の16（1条のみの款であるが）、
　　第2款の末尾が第50条の15、第1款の末尾が第50条の13となる。その上で、この第3節を第
　　4節に繰り下げて、新第3節（第1款から第4款まで・第50条の2から第50条の11まで）を
　　加える。

2．条・項の変更

設問　次のような項で構成される附則を、構成を変更した条に再編成するには、どのような改正を行うか。

◎改正前
　（施行期日）
　1　この条例は、・・・・・・から施行する。
　（適用関係）
　2　この条例による改正後の・・・・・の規定は、・・・・・・。
　（経過措置）
　3　この条例の施行の際現に・・・・・・。
　（罰則に係る経過措置）
　4　この条例の施行前にした行為に対する罰則・・・・・・。

◎改正後
　（施行期日等）
　第1条　この条例は、・・・・・・から施行する。
　2　この条例による改正後の・・・・・の規定は、・・・・・・。
　（経過措置）
　第2条　この条例の施行の際現に・・・・・・。
　2　この条例の施行前にした行為に対する罰則・・・・・・。
　（規則への委任）
　第3条　前条に規定するもののほか、・・・・・・。
　（検討）
　第4条　この条例の施行後3年を目途に・・・・・・。

改正例

§5.2.1　項構成の附則を条構成に変更する

×附則第1項の見出しを削り、同項を附則第1条とし、同条に見出しとして「（施行
期日等）」を付する。

×附則第2項の見出しを削り、同項を附則第1条第2項とする。

×附則第3項の見出しを削り、同項を附則第2条とし、同条に見出しとして「（経過
措置）」を付する。

×附則第4項の見出しを削り、同項を附則第2条第2項とする。

×附則に次の2条を加える。

×　（規則への委任）

第3条　前条に規定するもののほか、・・・・・・。

×　（検討）

第4条　この条例の施行後3年を目途に・・・・・・。

解説

　項によって構成される本則・附則を条構成に変更する、あるいはその逆は、基本的には、項を条とする、条を項とする、という規定で行う。これに見出しの扱いなどが伴ってくる。附則では、たまにこのような例が出てくるが、本則ではあまり例はないと思われる。

　特殊な場合だろうが、本則や附則を1項だけにする場合は、不要となる部分、つまり、条・項や見出し、条名、項番号を削って、必要部分だけにすることになる。また、複数項で成り立つ条だけにする場合は、不要な条を削り、見出しや条名を削って、第1項に項番号を付することが必要になる。

§5.2.2　複数の項で構成される条による附則を1項のみの附則にする

×附則第1条の見出し及び条名並びに同条第2項を削る。

×附則第2条及び第3条を削る。

74　事例編　第5章　複合的な改正

§5.2.3　2項で構成される本則の冒頭に項を加える

×本則中第２項に見出しとして「（県の鳥）」を付し、同項を第３項とし、第１項に見出しとして「（県の花）」を付し、同項を第２項とし、同項の前に次の１項を加える。
×（意義）
1　○○県は、・・・・・・。

注：既存の本則の項には見出しが付されていないので、見出しを付してから第１項を加える。見出しが付されていれば項の移動のみとなる。

§5.2.4　1項のみの附則に見出しのある項を加える

×附則を附則第１項とし、同項に見出しとして「（施行期日）」を付し、附則に次の１項を加える。
×（経過措置）
2　この条例の施行の際現に・・・・・・。

注：見出しを付した第２項を加える際には、第１項となる項にも見出しを付さなければならない。

§5.2.5　項建ての本則を条建てにする

×［本則］第１項を第１条とし、同条に見出しとして「（目的）」を付する。
×第２項を第２条とし、同条に見出しとして「（名誉市民の称号を贈る条件）」を付する。
×本則に次の２条を加える。
×（選定）
第３条　名誉市民は、市長が市議会の同意を得て選定する。
×（この条例施行の細目）
第４条　この条例の施行に関して必要な事項は、市長が定める。

注：冒頭の「本則」は通常は不要である。附則の場合は必要となる。

§5.2.6　複数の項による附則を1項のみにする

×附則第２項から第５項までを削り、附則第１項の見出し及び項番号を削る。

注：順序としては、附則第1項を改めてから、附則第2項以降を削ってもよいが、第1項の項番号を削ることになるのはこれらを削ることによっているから、このような順に改正する方が妥当とされている。

§5.2.7　項番号のない項に項番号を付する

×第2条第2項中「町公報」を「市公報」に改め、同項を同条第3項とし、同項に項番号を付し、同条第1項の次に次の1項を加える。

2　条例の公布は、・・・・・・。

注：基本的には第○項に項番号を付する、とする。項の移動は、項の場所を空けなくても「とする」で可能であるが、項を「加える」、「削る」がある場合には、項の特定が明確になるように考慮して改正の順序を決めなければならない。

事 例 編

第6章

表・様式の改正

1．表の改正

 次の別表第2の冒頭に次の3つの項目を加えるためには、どのような改正を行えばよいか。

◎加える項目

1	市長	○○市立高等学校における給付金・・・・・	地方税関係情報
2	市長	○○市に設置されている私立高等学校に・・・・・	地方税関係情報
3	市長	○○市立工業高等学校の支援金・・・・・	地方税関係情報

◎対象の表

別表第2（第4条関係）

執行機関	事務	特定個人情報
1　教育委員会	○○市立学校における授業料・・・・・	地方税関係情報
2　教育委員会	○○市立高等学校の奨学給付金・・・・・	地方税関係情報
3　教育委員会	○○市立高等学校等における支援金・・・・・	地方税関係情報
4　教育委員会	○○市立高等学校等における奨学金・・・・・	地方税関係情報
5　教育委員会	○○市立特別支援学校への就学費・・・	地方税関係情報及び生活保護に関する情報

改正例

§6.1.1　表中の項目を繰り下げ、新たな項目を加える

×別表第2中5の項を8の項とし、1の項から4の項までを4の項から7の項までとし、同表に1の項から3の項までとして次のように加える。

1	市長	○○市立高等学校における給付金・・・・・	地方税関係情報
2	市長	○○市に設置されている私立高等学校に・・・・・	地方税関係情報

| 3 | 市長 | ○○市立工業高等学校の支援金・・・・・・ | 地方税関係情報 |

解説

（1）表とその部分の特定

　表は、条・項に付されるものと、本則や附則に別表として付されるものに分けられよう。別表は、一個であれば単に別表と、数個に分けられれば、別表第1、別表第2などと表示され、附則の後ろに置かれる。附則に付される別表は附則別表と称されるが、通常は一部改正条例の附則に付されるので、一部改正条例の附則の後ろに置かれる。例規集では編集の都合で元の条例の附則の後ろに一部改正条例の附則が置かれているので、その附則の後ろに掲載される。したがって、本則の別表がある場合には、それより前に置かれることになる。いずれの別表も、タイトルに関連規定を括弧書きで「（第10条関係）」などと関係条文を付することとされている。

　したがって、改正対象の表を特定するには、条・項などに付される表は条名等により特定してその表、とし（「第10条第1項の表」など）、別表は単に「別表」「別表第1」あるいは「付表」といった名称によることになる。

　なお、表は、罫線で囲うのが一般的であるが、罫線を使用しない表も存在する。扱いはほぼ同じと考えてよい。また、表の位置は、項でみれば、表内部のトップの文字が2字目、末尾の文字が行末2字目となるのが基本である。罫線は、いわば、1字目と2字目との間、末尾と末尾2字目との間にあると観念することになる。

　表の部分は、基本的には「項」と「欄」によって構成される。横書きであれば、横の項目が「項」で特定され、縦の区分が「欄」であるが、縦書きの場合はこれが逆になる。すなわち、縦の行が「項」で、横の区分が「欄」となる。

　「項」は何らかの表示があれば、「～の項」と称する。数字で表されていれば、例えば「3の項」などとするし、語句で表示されていればその語句の項と表示する。ただし、番号が付されていて、「第○項」や「第○号」と称することができる場合があり、これは通常の項や号と同様、第3項、第3号などと称することができる。なお、項の部分を、まとめて、「部」としたり、その下の「款」としたりすることがある。これによって項を特定できる場合は、項の表示にこれらを前置することができる（「○○部××款～の項」など）。

　「欄」は、表の始めに欄の名称が示されている場合にはその名称の欄ということができるが、その名称がない場合には特定するのが難しくなる。横書きの表では、便宜、左欄・中欄・右欄と称することも可能であるが、項や欄で特定できない場合は、表の部分を「　」で引

用することになる。図を引用するのと同じ考え方である。語句だけでなく、罫線を含む部分も同様である。なお、罫線部分にはスペースはないと考えられているので、場所は考慮する必要はない。ただし、改正の結果、罫線が重複したり、欠損したりすることのないように注意しなければならない。

このほか、様式や書式を改正する場合も、表とほぼ同様の扱いをすることになる。

（2）表の部分の改正

表の一部分を改正するには、基本的には規定を改正する場合と同様である。対象部分を特定して、語句を改める・加える・削る、項や欄を改める・加える・削る、といった改正を行う。なお、加える場合には、原則として「次のように加える」とする。

§6.1.1は、表の冒頭部分に三つの項を加える改正で、この場合は項に番号が付されているので、これで特定し、かつ、番号が付されているので序数の整理をしなければならない。そのために、1の項から5の項までを三つずつ繰り下げ、次に1の項から3の項までを加える方法になる。加え方としては、やはり表として一体化するために、加える部分を罫線で同じような囲み方をして、加えなければならない。この場合、1の項の上の罫線、3の項の下の罫線が、既存の表の罫線と重複しないのかという疑問が生ずるかもしれないが、それは同一の線として扱われる。

§6.1.2　表の部分を特定して語句を改める（項）

×第2条の表49の項コ中「許可」を「承認」に改める。

注：第2条に付されている表中、項に番号が付されているのでこれで項を特定し、その中でアイウの項目があるので、さらにこれによって特定する。語句の改正である。

§6.1.3　表の部分を特定して語句を改める（欄）

×別表支給制限の欄中「控除対象配偶者」を「同一生計配偶者」に改める。

§6.1.4　表の部分を特定して語句を改める（項と欄）

×別表第1○○警察署の項管轄区域の欄中「栄町」を「東栄町」に改める。

§6.1.5　表中の項を削り、項を移動し、新たに項を加える

×別表中31の項を削り、30の項を31の項とし、29の項を30の項とし、28の項を29の項とし、27の項の次に次のように加える。

×│28　石油コンビナート│施設検査料│　流出防止堤の検査　○○円│検査申請時│

注：項に番号があり、これによって項を特定する。新たに加える場合、新たな表の部分を表と同じような枠組みで表示する。

§6.1.6　表中の項を移動し、新たに複数の項を加える

×別表第1中8の項を11の項とし、7の項を10の項とし、6の項を9の項とし、5の項の次に次のように加える。

6	市長	○○市立高等学校における・・・・・
7	市長	○○市に設置されている私立高校学校における・・・・・
8	市長	○○市立工業高等学校における・・・・・

注：番号の付されている項の8の項が末尾であり、これを11の項として移動し、6〜8の項を新たに加える。

§6.1.7　表中の一つの欄を改める

×別表第2　1の項特定個人情報の欄を次のように改める。

地方税関係情報及び住民票関係情報

注：元の別表第2の構成は、§6.1.1の設問を参照。特定個人情報の欄が特定できる。この欄の全部を改めるので、罫線を含めて表示する。

§6.1.8　表中の項の中の項目を移動して新たに項目を加える

×第2条の表18の項中セをソとし、エからスまでをオからセまでとし、ウの次に次のように加える。

××エ　○○条例第5条第3項の規定による・・・・・特例の認定

1．表の改正　81

注：条に付されている表のうち番号で特定できる項の中のアイウの項目を、移動させ、新たな項
目を加える。位置は元の表における位置である。

§6.1.9　表中の項の部分に新たに加える

×別表８の項中「｜（４）生産緑地法第12条第４項に・・・同法第６条第６項｜」を
「｜（４）生産緑地法第12条第４項において準用する同法第６条第６項　　　　｜」に
　｜（５）密集市街地における防災街区の整備の促進に関する法律第218・・・｜」
改める。

注：８の項の一部分で、仕切りの罫線がなく、括弧付の序数による項目が続く。これを項と欄で
特定することができず、また加える単位を表示できないため、部分をかぎ括弧で引用し、こ
れに新たな項目を付加して、その部分を改めることにする。（４）は当然に重複表示になる。

§6.1.10　表中の項の中に新たに項目を加える

×別表第１　　１の項ア（イ）の次に次のように加える。
×××（ウ）　　第14条の２に規定する措置に必要な経費として、300円

注：別表第１の１の項・・・・・と表示してもよいだろう。項の中にアイウの項目があり、アの
中に（ア）（イ）の項目がある。項ではないが、項目として独立して扱えると考えるので、部
分としての「　」で表示するのではなく、（ウ）の項目として独立的に扱って「加える」とする。
前事例との区別は、改正対象の表を見なければ分かりにくい。

（３）表に附属する部分の改正

　表には、備考などが付される場合も多い。これも表の部分であるから、これらを改正す
る場合も、「別表備考」などと対象を特定して行うことになる。

§6.1.11　表の備考中の語句を改める

×別表備考３中「30の項ア」を「31の項ア」に改め、同表備考４中「30の項イ」を「31
の項イ」に改める。

注：備考が１、２、・・・などで構成されている。この項目番号で対象を特定する。

2．表全体の改正

表全体を改正する場合も、基本的には条の全部改正と同様である。「次のように改める」として、あるべき位置に改正後の表を示すことになる。新たに加える場合も「次の表を加える」とする。削る場合も、単に、表を「削る」とする。新たに加えたり削ったりする場合には、整理が必要となる場合があるのも、条の場合と同様である。なお、いくつかある別表のうちで「削除」とする必要がある場合には、「別表第○　削除」に改めることができる。

§6.2.1　条に付されている表の全部を改める

×第6条第1項の表を次のように改める。

［略］		

§6.2.2　一つの別表の全部を改める

×別表第1を次のように改める。

別表第1　（第6条関係）

［略］		

§6.2.3　条に表を加える

×第6条第2項に次の表を加える。

［略］		

1．表の改正／2．表全体の改正　83

§6.2.4　新たに別表を加える

×附則の次に次の別表を加える。

別表（第8条関係）

［略］		

§6.2.5　新たに別表第2と別表第3を加える

×別表を別表第1とし、同表の次に次の2表を加える。

別表第2（第10条関係）

［略］		

別表第3（第11条関係）

［略］		

§6.2.6　複数の別表を繰り下げて新たに一つの別表を加える

×別表第3を別表第4とし、別表第2を別表第3とし、別表第1の次に次の1表を加える。

別表第2（第9条関係）

［略］		

§6.2.7　別表を削る

×別表を削る。

§6.2.8　複数の別表のうちの一つを削り、他の別表を繰り上げる

×別表第2を削り、別表第3を別表第2とし、別表第4を別表第3とする。

§6.2.9　複数の別表のうち一つを残して他を削る

×別表第1及び別表第3を削り、別表第2を別表とする。

§6.2.10　複数の別表を全て削る

×別表第1から別表第4までを削る。

§6.2.11　別表に関係条文を新たに付し、繰り下げる

×別表第1中「別表第1」を「別表第1　（第8条関係)」に改め、別表第2中「別表第2」を「別表第2　（第9条関係)」に改め、別表第3中「別表第3」を「別表第3　（第10条関係)」に改め、同表を別表第4とし、別表第2の次に次の1表を加える。

別表第3　（第10条関係）

［略］		

注：「別表第2の次に次の1表を加える」は、「同表の前に次の1表を加える」とする方法もある。

§6.2.12　別表に備考を加える

×別表第14中「新築」を「設置」に改め、同表に備考として次のように加える。
×備考　この表の改築、改良又は設置には、・・・・・を含むものとする。

§6.2.13 様式を改める

×様式第31号（表）を次のように改める。

様式第31号（第6条、第8条、第19条関係）

（表）

［略］

注：様式の改正は、部分を改めるのでは分かりにくくなってしまうので、このように全部を改めるとするのが一般的であろう。

事例編

第7章

一部改正の一部改正

1．一部改正の改正

設問　未施行の一部改正条例に次のような改正を施すには、どのような改正方法をとったらよいか。

◎改正対象の一部改正条例（改正文、附則等省略）

　第12条第1項中「第40条第3項」の次に「（第48条第2項において準用する場合を含む。）」を加え、「第48条第1号」を「第48条第1項第1号」に改める。

　第29条中「第48条」を「第48条第1項」に改める。

　第32条第2項中「あり、及び「当該環境配慮書」とあるのは「見解書」を「あるのは「見解書」と、「当該環境配慮書」とあるのは「当該見解書」に改め、「第32条第1項」と、「環境配慮書」とあるのは「見解書」の次に「（第29条の規定により提出された特例環境配慮書を含む。）」を加える。

　第33条第3項中「第48条」を「第48条第1項」に改める。

　第34条第1項中「第48条」を「第48条第1項」に、「同項第2号」を「前条第3項第2号」に改める。

　第48条に次の1項を加える。

2　第40条第2項及び第3項の規定は、同条第4項の規定が適用される場合に行う評価書案等の作成及び提出について準用する。この場合において、同条第2項及び第3項中「調査計画書」とあるのは、「評価書案等」と読み替えるものとする。

　第49条第1項中「前条」を「前条第1項」に改める。

　第50条中「第48条」を「第48条第1項」に改める。

　第51条中「第48条」を「第48条第1項」に、「同条第9号」を「同項第9号」に改める。

　第53条中「第48条」を「第48条第1項」に、「同条第1項」を「第17条第1項」に改める。

　第54条、第56条第1項及び第57条第1項中「第48条」を「第48条第1項」に改める。

　第58条第1項中「第48条の」を「第48条第1項の」に改め、同項第1号中「第48条各号」を「第48条第1項各号」に改める。

　第62条第1項中「第48条」を「第48条第1項」に改める。

　第74条の次に次の1条を加える。

　（事業者等の出席等）

第74条の2　審議会は、第69条の規定による調査審議を行うため必要があると認め

るときは、事業者その他の関係者の出席を求め、説明を聴き、又は事業者その他の関係者から資料の提出を求めることができる。

　注：第32条第２項の改正は、かぎ括弧を含めて引用しているので分かりにくいが、『あり、及び「当該環境配慮書」とあるのは「見解書」を『あるのは「見解書」と、「当該環境配慮書」とあるのは「当該見解書」に改め、『第32条第１項」と、「環境配慮書」とあるのは「見解書』の次に『（第29条の規定により提出された特例環境配慮書を含む。）』を加える。
　とするものである。

◎**新たに加える改正**

（１）　第37条第１項ただし書を次のように改めるものとする。

　　　ただし、対象計画の案の目的又は内容の変更をしようとする場合において、当該変更が軽微な変更その他の規則で定める変更に該当するときは、この限りでない。

（２）　第62条第１項ただし書を次のように改めるものとする。

　　　ただし、対象事業の目的又は内容の変更をしようとする場合において、当該変更が軽微な変更その他の規則で定める変更に該当するときは、この限りでない。

（３）　第91条を次のように改めるものとする。

　第１項に次のように勧告権を規定する。

　　　知事は、事業者が次の各号のいずれかに該当する場合は、当該事業者に対し、必要な措置を講ずるよう勧告することができる。

　新第２項として次のような勧告に従わない場合の公表の措置を規定する。

　　　知事は、事業者が前項の規定による勧告に従わない場合において、当該事業者に対し、その者が意見を述べ、証拠を提示する機会を与え、その意見に正当な理由がないと認めるときは、当該事業者の氏名及び住所（法人にあっては、名称、代表者の氏名及び主たる事務所の所在地）並びにその事実を公表しなければならない。

```
改正例
```

> ×○○条例の一部を改正する条例（平成25年○○県条例第19号）の一部を次のように改正する。

§7.1.1　改正規定を加える

> ×第34条第1項の改正規定の次に次の改正規定を加える。
> ×第37条第1項ただし書を次のように改める。
> ××ただし、対象計画の案の目的又は内容の変更をしようとする場合において、当
> ×該変更が軽微な変更その他の規則で定める変更に該当するときは、この限りでない。

§7.1.2　改正規定を改める

> ×第62条第1項の改正規定を次のように改める。
> ×第62条第1項中「第48条」を「第48条第1項」に改め、同項ただし書を次のように改める。
> ××ただし、対象事業の目的又は内容の変更をしようとする場合において、当該変
> ×更が軽微な変更その他の規則で定める変更に該当するときは、この限りでない。

§7.1.3　改正規定を本則の末尾に加える

> ×本則に次の改正規定を加える。
> ×第91条第1項各号列記以外の部分を次のように改める。
> ××知事は、事業者が次の各号のいずれかに該当する場合は、当該事業者に対し、
> ×必要な措置を講ずるよう勧告することができる。
> ×第91条中第2項を第3項とし、第1項の次に次の1項を加える。
> 2　知事は、事業者が前項の規定による勧告に従わない場合において、当該事業者
> ×に対し、その者が意見を述べ、証拠を提示する機会を与え、その意見に正当な理
> ×由がないと認めるときは、当該事業者の氏名及び住所（法人にあっては、名称、
> ×代表者の氏名及び主たる事務所の所在地）並びにその事実を公表しなければなら
> ×ない。

注：「次の改正規定を加える」は「次のように加える」ともする。
　　第62条第1項の改正規定の改正は、
　　×第62条第1項の改正規定中「改める」を「改め、同項ただし書を次のように改める」に改め、
　　同改正規定に次のただし書を加える。
　　××ただし、・・・・・
　　とすることも可能であるが、改正例の方が分かりやすい。
　　改正前の第91条は、第1項に5号からなる各号が付されていて、2項で構成されている。第91条の改正は二つに分けられる。

解　説

（1）一部改正条例の一部改正

　通常、一部改正条例は施行されれば本則は用済みとなり、効力を保持して存在しているのは附則であるから、一部改正条例の改正は、附則を改正することになり、これは普通の改正と同様である。特に技術上特別な問題があるわけではない。

　これに対して、一部改正条例を未施行の段階で改正するのが、いわゆる一部改正の一部改正である。改正対象条例の改正を規定する一部改正条例の、その一部を改正し、元の一部改正と一体となって改正対象条例の一部改正をすることを内容とする。したがって、作業としては、元の改正対象条例、その一部改正条例、さらに一部改正の一部改正条例案の三つを対比させながら、改正規定を作成していくことになる。

　一部改正条例の一部を改正する条例は、題名、改正文などは普通の一部改正条例と同じであるが、本則は、対象の一部改正条例の改正規定を改正することを内容とする。改正規定は、原則として条単位で、改正の順序に従って記載されていくから、これに条名や番号が付されているわけではない。いわば、改正規定が、項番号のない項のように並んでいるわけで、その改正は、対象となる改正規定を特定して、これを改める、（その次に）改正規定を加える、これを削る、という形式で行うことになる。

　なお、これは、一部改正条例案を議会において修正する場合の修正案の形式とほぼ同様であると言える。

（2）改正規定の特定

　まず、改正規定とは、具体的に何を意味するか。原則としては、改正対象を特定し、これにどのような改正を行うかを示す文で、句点で閉じられる一文を指す。ただし、読点で区切られる改正を行う文の部分（例えば、「○○を□□に改め、」の部分も、改正規定ということがある。これは改正対象をどのように特定するかと関わるが、あまり部分のみを特定するのは分かりにくくなるおそれがあるので、原則としては、一文を改正規定とする。

次に、改正規定の特定は、改正が条を中心とする構成単位ごとに行われるので、その構成単位の名称によるのが原則である。例えば、目次の改正規定、第３条の改正規定などである。ただし、第１項のみの改正であれば、第３条第１項の改正規定などと、より下の単位まで引用することも多い。また、条の改正でも、項などの全部改正や新たに項などを加える場合には改正規定が別になるので、それぞれを特定するためには、より詳細な改正の内容を付加することも必要となる。例えば「～を改める改正規定」「～を加える改正規定」「～を削る改正規定」「～を・・・とする改正規定」などといった特定をすることになる（次項２．を参照）。

　なお、一部改正条例で、その施行期日を複数に分ける場合、改正規定を特定して施行期日を定めることがある。この場合の改正規定の特定の方法は、必ずしも一部改正条例の一部改正におけるものとは同じではない。施行期日の場合は、必要に応じて、把握の対象が広くなったり狭くなったりする（広くは、第○章に係る改正規定、狭くは、第○条第○号の改正規定（「～」を「・・・」に改める部分に限る。）など）。

（３）改正規定の改正

　改正規定の改正は、一部改正とほぼ同様の形式による。「改める」「加える」「削る」である。改正規定の内容を改正する場合は、改正規定中「○○」を「××」に改める、「○○」を削る、～の次に「○○」を加える、などとすることになる。改正規定を改めて、これに条項などを付する場合は、上記の§７.１.２のように、全部を改める方が、注に示した方法よりも一般的かもしれない。しかし、［設問］の改正対象一部改正条例の中の新第74条の２に新たに第２項を付加するとした場合は、単に改正規定に１項を加えるとする方がよいだろう。また、この改正規定において、加える条を１条増やして第74条の３を付加するとした場合も同様である。

§７.１.４　改正規定中の条に項を加える

> ×第74条の次に１条を加える改正規定中第74条の２に次のように加える。
> ２　前項の場合において、・・・・・・。

　注：加える第74条の２第２項は、改正規定中の一部となるものであって、通常の条例における条項と観念的には異なると考えるので、「次のように」加えるとする。しかし、「次の１項を加える」としてもよい。例えば、第２項が既にあり、これを全改する場合には、やはり「第２項を次のように改める」とすることになり、項を把握せざるを得ない。分かりやすい方がいいと考える。

§7.1.5　改正規定中に加える条を追加する

×第74条の次に１条を加える改正規定中「１条」を「２条」に改め、同改正規定に次のように加える。
×（審議会の報告）
第74条の３　審議会は、審議内容及びその結果について・・・・・・・。

　一部改正条例の本則は、原則として、番号、序数などで構成されていないから、改正規定を「加える」「削る」はあっても、移動はしない。一つの改正規定を削っても、それによって空きができるわけではないし、一つの改正規定を加えるにも、単に場所を指定して（例えば、第３条の改正規定の次に、と指定して）加える改正規定を示せばよい。このようにして、改正規定の改正を行っていくことになる。

2．改正規定の特定

設問　次の一部改正条例は、前項の設問の改正対象一部改正条例に設問内容の一部改正を施したものであるが、それぞれの改正規定の特定はどのようにするか。

特定例

§7.2.1　改正規定の特定

> ×第12条第1項中「第40条第3項」の次に「(第48条第2項において準用する場合を含む。)」を加え、「第48条第1号」を「第48条第1項第1号」に改める。
> 　　　　↓
> 　第12条第1項の改正規定

> ×第29条中「第48条」を「第48条第1項」に改める。
> 　　　　↓
> 　第29条の改正規定

> ×第32条第2項中「あり、及び「当該環境配慮書」とあるのは「見解書」を「あるのは「見解書」と、「当該環境配慮書」とあるのは「当該見解書」に改め、「第32条第1項」と、「環境配慮書」とあるのは「見解書」の次に「(第29条の規定により提出された特例環境配慮書を含む。)」を加える。
> 　　　　↓
> 　第32条第2項の改正規定

> ×第33条第3項中「第48条」を「第48条第1項」に改める。
> 　　　　↓
> 　第33条第3項の改正規定

×第34条第1項中「第48条」を「第48条第1項」に、「同項第2号」を「前条第3項第2号」に改める。
　　　　↓
　第34条第1項の改正規定

×第37条第1項ただし書を次のように改める。
××ただし、対象計画の案の目的又は内容の変更をしようとする場合において、当
×該変更が軽微な変更その他の規則で定める変更に該当するときは、この限りでない。
　　　　↓
　第37条第1項（ただし書）の改正規定

×第48条に次の1項を加える。
2　第40条第2項及び第3項の規定は、同条第4項の規定が適用される場合に行う
×評価書案等の作成及び提出について準用する。この場合において、同条第2項及
×び第3項中「調査計画書」とあるのは、「評価書案等」と読み替えるものとする。
　　　　↓
　第48条に1項を加える改正規定

×第49条第1項中「前条」を「前条第1項」に改める。
　　　　↓
　第49条第1項の改正規定

×第50条中「第48条」を「第48条第1項」に改める。
　　　　↓
　第50条の改正規定

×第51条中「第48条」を「第48条第1項」に、「同条第9号」を「同項第9号」に改める。
　　　　↓
　　第51条の改正規定

×第53条中「第48条」を「第48条第1項」に、「同条第1項」を「第17条第1項」に改める。
　　　　↓
　　第53条の改正規定

×第54条、第56条第1項及び第57条第1項中「第48条」を「第48条第1項」に改める。
　　　　↓
　　第54条、第56条第1項及び第57条第1項の改正規定

×第58条第1項中「第48条の」を「第48条第1項の」に改め、同項第1号中「第48条各号」を「第48条第1項各号」に改める。
　　　　↓
　　第58条第1項の改正規定

×第62条第1項中「第48条」を「第48条第1項」に改め、同項ただし書を次のように改める。
××ただし、対象事業の目的又は内容の変更をしようとする場合において、当該変
×更が軽微な変更その他の規則で定める変更に該当するときは、この限りでない。
　　　　↓
　　第62条第1項の改正規定

×第74条の次に次の1条を加える。

×（事業者等の出席等）

第74条の2　審議会は、第69条の規定による調査審議を行うため必要があると認め
×るときは、事業者その他の関係者の出席を求め、説明を聴き、又は事業者その他
×の関係者から資料の提出を求めることができる。

↓

第74条の次に1条を加える改正規定

×第91条第1項各号列記以外の部分を次のように改める。

××知事は、事業者が次の各号のいずれかに該当する場合は、当該事業者に対し、
×必要な措置を講ずるよう勧告することができる。

↓

第91条第1項の改正規定

×第91条中第2項を第3項とし、第1項の次に次の1項を加える。

2　知事は、事業者が前項の規定による勧告に従わない場合において、当該事業者
×に対し、その者が意見を述べ、証拠を提示する機会を与え、その意見に正当な理
×由がないと認めるときは、当該事業者の氏名及び住所（法人にあっては、名称、
×代表者の氏名及び主たる事務所の所在地）並びにその事実を公表しなければなら
×ない。

↓

第91条中第2項を第3項とし、第1項の次に1項を加える改正規定

解説

　基本は条の改正規定として特定することであるが、一つの項や号単位で改正している場
合は、項まで引用して特定することが多い。反対に、多くの項を改正している場合には条
でまとめて単に「○条の改正規定」とすることも多い。ただし、区分する必要がある場合
には、条より下の単位を引用することで特定する必要がある。

　以下、［設問］に掲げられていない改正の場合の改正規定の特定の例を掲げる。

§7.2.2　改正規定の特定の例

- 題名の改正規定
- 目次の改正規定
- 目次を付する改正規定

  題名の次に目次及び章名を付する改正規定
- 第3章の章名の改正規定

  第5条の次に章名を付する改正規定
- 第3章の章名を削る改正規定
- 第3章を第4章とする改正規定

  第3章の次に2章を加える改正規定

  第3章を第4章とし、第2章の次に1章を加える改正規定

  第3章を削る改正規定
- 第5条から第8条までの改正規定
- 第5条を削る改正規定

  第5条を削り、第6条を第5条とし、第7条から第10条までを1条ずつ繰り上げる改正規定
- 第5条の前の見出しを改め、同条を改める改正規定
- 第5条を第9条とし、第2条から第4条までを4条ずつ繰り下げる改正規定
- 第5条の次に2条を加える改正規定

  第5条中・・・・・に改め、同条の次に2条を加える改正規定
- 第5条第4項を削り、同条を第7条とする改正規定
- 第10条を削り、第9条を第10条とし、第8条を第9条とし、第7条の次に1条を加える改正規定
- 本則に3条を加える改正規定
- 別表第2及び別表第3を削り、別表第1を別表とする改正規定

演習編

次の内容の改正規定は、どのようにしたらよいか。

◎現行の条・構成　　　　　◎改正内容
　第1条　　　　　　　　　改正なし
　第2条（3項で構成）　　　第1項を削り、第2項中「A」を「B」に改める
　第3条　　　　　　　　　改正なし
　第4条　　　　　　　　　削る
　第5条　　　　　　　　　削る
　第6条　　　　　　　　　全部を改め、第4条とする
　第7条　　　　　　　　　第5条とする
　第8条　　　　　　　　　第6条とする
　第9条　　　　　　　　　第7条とする
　　　　　　　　　　　　　新第8条を追加
　第10条　　　　　　　　 全部を改め、第9条とする

注：各条の見出しは全て省略する。

改正例

×第2条第1項を削り、同条第2項中「A」を「B」に改め、同項を同条第1項とし、同条第3項を同条第2項とする。
×第4条を次のように改める。
第4条　・・・・・・。
×第5条及び第6条を削る。
×第7条を第5条とし、第8条を第6条とし、第9条を第7条とし、同条の次に次の2条を加える。
第8条　・・・・・・。
第9条　・・・・・・。
×第10条を削る。

解説

1　第2条の改正で、改正箇所を特定するため、条・項を引用しているが、その際、使える場合には「同項」・「同条」といった引用をする。「第2条第1項」の次は、「第2条第2項」が対象となるが、この場合は第2条を同条として受け、これに第2項を続ける。次は「第2項」を「第1項」とするので、直前に「同条第2項」と引用したあと、これを「同項」として引用し、移動先は第2条第1項であるので、「同条第1項」とする。このように、使える場合に「同条」「同項」などで引用するのが原則である。ただし、「同条同項」のように複数の「同」を使うことはしない。なお、ある条項を改正し（改め、加え、削り、付し）、これを移動するという場合は、先に改正を行い、これに続けて移動させるという順序となる。（⇒§4.5.2、§4.5.3など）

2　次は、第4条と第5条を削り、旧第6条を全部改正して第4条にするというものであるが、条を全部改正してそのまま他の条名を付することはできない。例えば、「第6条を次のように改める」として、「第4条　・・・・・」とすることはできない。あくまでも、第6条の改正であるからである。したがって、改正作業としては、第6条を削り、その全部改正した内容の条を新たに第4条として規定する、ということになる。ここでは、実際には、第4条を削る代わりに、これを利用して（たまたま同じ第4条とするから）、第4条を全部改正する、という手法をとる。つまり、生まれ変わった旧第6条が新第4条になることを利用して「第4条を次のように改める」とするのである。したがって、結果的に、第4条を全部改正し、第5条と第6条を削る、とすることになる。

　　もちろん、これは全部改正の場合であり、旧第6条のほぼ全部を改正する結果になっても形式上一部の改正とすることが可能であれば、一部改正を行って、「同条を第6条とする」と移動することも可能である。

3　第7条から第9条までは、上記で第5条と第6条が削られたことに伴い、2条ずつ繰り上げられるが、移動する条が三つであるから、1条ずつ個別に移動させる。（⇒§4.1.4、§4.1.5）

4　第9条を第7条に繰り上げた直後に新たに第8条を追加する。旧第10条は、実質的に、全部改正して第9条とするので、前述のとおり、第8条とともに第9条を新たに加え、第10条を削る、という形をとることになる。

次の内容の改正規定は、どのようにしたらよいか。

◎現行の条・構成　　　　　　　◎改正内容
　第１条（３項で構成）　　　　　新たに第２項を追加する
　第２条（３項で構成）　　　　　第２項中「A」を「B」に改める
　──────　　　　　　　　新たに第３条を追加する
　第３条　　　　　　　　　　　　第４条とする
　第４条　　　　　　　　　　　　第５条とする
　第５条　　　　　　　　　　　　第６条とする
　第６条　　　　　　　　　　　　第７条とする
　第７条（２項で構成）　　　　　第８条とする
　　　（第２項は５号で構成）　　第４号中「C」を「D」に改め、新た
　　　　　　　　　　　　　　　　　に第２号を加える
　第８条　　　　　　　　　　　　「E」を「F」に改め、第９条とする
　第９条　　　　　　　　　　　　全部を改正し、第10条とする
　──────　　　　　　　　新たに第11条を追加する
　第10条　　　　　　　　　　　　第12条とする

注：各条の見出しは全て省略する。

改正例

×第１条中第３項を第４項とし、第２項を第３項とし、第１項の次に次の１項を加える。
　２　・・・・・・・・・・・・・・・。
×第２条第２項中「A」を「B」に改める。
×第10条を第12条とする。
×第９条を削る。
×第８条中「E」を「F」に改め、同条を第９条とし、同条の次に次の２条を加える。
第10条　・・・・・・・・・・・。
第11条　・・・・・・・・・・・。

×第７条第２項第５号を同項第６号とし、同項第４号中「Ｃ」を「Ｄ」に改め、同
　　号を同項第５号とし、同項中第３号を第４号とし、第２号を第３号とし、第１号の
　　次に次の１号を加え、同条を第８条とする。
　　×（２）・・・・・・・・
　　×第６条を第７条とし、第３条から第５条までを１条ずつ繰り下げ、第２条の次に
　　次の１条を加える。
　　第３条　・・・・・・・・・・・・。

解説

1　第１条では、項に改正がなく項を移動するだけなので、「第１条中」として、項の移動
　がこの中で行われることを表す。もちろん、煩雑にはなるが、「第１条第３項を同条第４
　項とし、同条第２項を同条第３項とし、・・・・・」とすることも可能である。（⇒§４.
　５.３）

2　第３条から条の繰下げを行うから、原則として後ろから改正を進めなければならない。
　まず、第10条を第12条に移動させ、３条分のスペースを確保するため、第９条を削る。
　これに続けて第８条を繰り下げるとともに、新たな２条を追加することになるが、新第
　10条が旧第９条の全部を改正した内容とすることになる。
　　なお、この場合、旧第10条は本則の末尾であることが前提で、もしそうでなかったなら、
　第12条となる場所を確保しておかなければならない。（⇒§４.４.１）

3　第７条の改正では、号の移動を行うが改正の含まれる号と移動のみの号がある。いず
　れの場合も帰属する項の明示を忘れないことである。なお、後半、１と同様に「同項第
　３号を同項第４号とし、同項第２号を同項第３号とし、・・・・・」としてもよい。（⇒
　§４.６.２）
　　なお、第２号を新たに加えるので、条項号の全部を改正する、あるいは新たに追加す
　る場合、改正規定が一旦閉じるとする原則に戻って、「・・・・・次の１号を加える。」
　として第２号を置き、改めて、「第７条を第８条とする。」と規定してもよい。

4　第３条から第６条まで四つの条が繰り下がるが、四つ以上の場合は、まず末尾の条を
　移動して固定し、続けて「第何条から第何条までを○条ずつ繰り下げる」とする。また、
　条が繰り上がるときは、最初の条を移動して固定し、続けて「第何条から第何条までを
　○条ずつ繰り上げる」とする。（⇒§４.４.１）

次の内容の改正規定は、どのようにしたらよいか。

◎現行の条・構成　　　　　　◎改正内容

第1条（3項で構成）　　　　第1項を追加する

第2条（2項で構成）　　　　第1項中「A」を「B」に改める

――――　　　　　　　　　　新たに第3条・第4条を追加する

第3条　　　　　　　　　　　全部改正し、第5条とする

第4条　　　　　　　　　　　削る

第5条（2項で構成）　　　　第1項中「C」を「D」に改め，「E」を削り、「F」の次に「G」を加え、「H」を「I」に改める

　　（第2項は5号構成）　　第2項中「J」を「K」に改め、新たに第1号を追加する

　　（第2項第5号にア～オ）　第2号中「L」を「M」に改める

　　　　　　　　　　　　　　第4号中「N」を「O」に、「P」を「Q」に改める

　　　　　　　　　　　　　　第5号に新たにウを追加し、同号エ中「R」を「S」に改める

　　　　　　　　　　　　　　第6条とする

第6条　　　　　　　　　　　第7条とする

第7条　　　　　　　　　　　「T」を「U」に改め、第8条とする

――――　　　　　　　　　　新たに第9条を追加する

第8条　　　　　　　　　　　「V」を「W」に改め、第10条とする

第9条　　　　　　　　　　　全部改正し、第11条とする

第10条　　　　　　　　　　「X」を「Y」に改め、第12条とする

注：各条の見出しは全て省略する。

改正例

×第1条中第3項を第4項とし、第2項を第3項とし、第1項を第2項とし、同条に第1項として次の1項を加える。

××・・・・・・・・・・・・。

×第2条第1項中「A」を「B」に改める。

×第10条中「X」を「Y」に改め、同条を第12条とする。

×第9条を削る。

×第8条中「V」を「W」に改め、同条を第10条とし、同条の次に次の1条を加える。

第11条　・・・・・・・・・・・・・・。

×第7条中「T」を「U」に改め、同条を第8条とし、同条の次に次の1条を加える。

第9条　・・・・・・・・・・・

×第6条を第7条とする。

×第5条第1項中「C」を「D」に改め，「E」を削り、「F」の次に「G」を加え、「H」を「I」に改め、同条第2項中「J」を「K」に改め、同項第5号オを同号カとし、同号エ中「R」を「S」に改め、同号エを同号オとし、同号中ウをエとし、イの次に次のように加え、同号を同項第6号とする。

××ウ　・・・・・・・・

×第5条第2項第4号中「N」を「O」に、「P」を「Q」に改め、同号を同項第5号とし、同項第3号を同項第4号とし、同項第2号中「L」を「M」に改め、同号を同項第3号とし、同項第1号を同項第2号とし、同項に第1号として次の1号を加え、同条を第6条とする。

×（1）　・・・・・・・・

×第4条を削る。

×第3条を次のように改める。

第3条　・・・・・・・・・・・・・・。

×第3条の次に次の2条を加える。

第4条　・・・・・・・・・・・・・・・。

第5条　・・・・・・・・・・・・・・・。

解説

1　第1条は、第1項を追加するためにまず項の繰下げをする。「第1条中」として移動を規定する（前述のように、「第1条第3項を同条第4項とし、・・・・・」としてもよい）。第1項として項を新たに追加し、又は第1項を全部改正する場合には、項番号は不要のため、追加する規定又は全部改正後の規定だけを3字目から置く。（⇒§4.5.4）

　　なお、「同条に第1項として・・・・・」は、「同項の前に次の1項を加える」とすることも可能である。

2　第2条の改正は、第1項だけなので、「第2条中・・・・・」ではなく、「第2条第1項中」と引用・特定する。

3　第2条の後に2条追加される。追加する条のスペースを確保するため、条例の末尾から順に改正を進めることになるが、この条例全体で、追加する条が3、削る条が1、計2条分の場所が必要であるから、末尾の第10条を2条繰り下げて第12条とする。

4　旧第9条を全部改正して実際上第11条とする部分は、第9条を削り、これを全部改正した内容の規定を新たに第11条として追加する形をとる。したがって、形式上、一旦第9条を削り、第8条を改正して第10条としたあと、同条の次に新第11条を追加する。

5　第7条の改正は、語句を改め、これを第8条とし、新たに第9条を加える。次いで、第6条を第7条に繰り下げる。

6　第5条の改正は、まず第1項中の改正から始めるが、第2項については、各号で構成され、そのうち第5号にはアイウによる箇条書があり、かつ、各号とアイウ双方に改正と移動がある複雑な内容である。

（1）第2項の改正は、実際は各号列記以外の部分中の改正であるが、特に「各号列記以外の部分」と特定する必要がないものと考えられるので、単に「(同条)第2項中」として語句の改正を行う。次いで、新たに第1号を加えるので、各号を繰り下げる必要があり、したがって、末尾の号、つまり「同項第5号」から改正を進めることになる。（⇒§4.6.2）

（2）第2項第5号は、アイウエオの箇条書で構成されるが、これらについて、移動、追加、改正があるので、末尾から進める。まず、第5号オを同号カに繰り下げ、次に、同号エ中の改正をして、これを同号オに繰り下げ、同様に同号ウを同号エとし、同号イの次にウを加える。第5号ウを加える場合、「次のように加える」として、本来の位置に「ウ　・・・・・」を置く（3字目）。このように、アイウでも項・号などと同じように、その帰属を明確にしながら移動させるが、「2条ずつ繰り下げる」のような規定の仕方ができず、一つ一つ順に繰り下げるのが原則である。（⇒§4.7.1）

（3）第5号ウを新たに追加したことによって、改正規定は一旦切れるが、第5号を第

106 | 演習編

6号に繰り下げる規定は付加できる。次は、第2項の各号の改正であり、第1号を新たに加えるので、改正を行いながら号を繰り下げる。第2項に第1号として1号を加え、最後に同条（第5条）を第6条とする。

（4）上の例では、第5号ウや第1号を加えた後に、第5号を第6号に、第5条を第6条に移動しているが、これは加えたところで、改正規定を区切ってもよい。その場合、次の改正規定は、第5号ウを置いた後に、改行して「第6条第2項第5号を同項第6号とし、同項第4号中・・・・・」とし、あるいは第1号を置いた後に、改行して、「第5条を第6条とする。」とする。

7　実際上第3条を全部改正して第5条とする部分については、ここでは、まず第4条を削っておいて、旧第3条を全部改正する形で追加される新第3条を置き、そのあとに新第4条と旧第3条を全部改正した後の新第5条を追加する形にしている。

　　別の方法としては、第3条と第4条を削り、新たに加える新第3条と新第4条これに旧第3条を全部改正した内容の新第5条を加えて、3条を第2条の次に加える、とすることも可能である。

　　（第3条及び第4条を削り、第2条の次に次の3条を加える。・・・・・」）

　　あるいは、第3条と第4条を改める、として、追加する新第3条と新第4条とし、第4条の次に1条を加える、として、旧第3条の全部改正後の新第5条を置く、とすることも可能である。この場合、第3条と第4条の改正は、第2条の改正規定の次に置き、第5条を加える改正規定は最後に来る。

　　（第3条を次のように改める。・・・・

　　　第4条を次のように改める。・・・・

　　　第4条の次に次の1条を加える。・・・）

　　旧第3条を全部改正して、第5条に移動する、という経緯をあまり考慮する必要はないだろう。

次の新旧対照表の下線部分に基づいて改正を行いたい。どのような改正規定を作成したらよいか。

この場合において、改正前欄の下線部分と改正後欄の下線部分が異なるものは改め、改正前欄の下線部分が改正後欄にないものは削り、改正前欄に下線部分がなく、改正後欄のみに下線部分があるものは加え、又は付するものとする（以下、この形式において同じ）。

改正前	改正後
（目的） 第1条　・・・・・・。 　（・・）	（目的） 第1条　・・・・・・。 　（・・）
第2条　・・・。<u>ただし、・・・・・・。</u> 　（・・）	第2条　・・・・・・・。 　（・・）
第3条　・・・・・・。 　（・・）	第3条　・・・・・・。<u>この場合において、・・。</u>
第4条　・・・<u>第11条第3号</u>・・・・・・。 　（・・）	第4条　・・・<u>第11条第1項第2号</u>・・・。 　（・・）
第5条　・・・・<u>第11条第3号</u>・・・。 　2　・・・・・・・・・・・・・・・・。 　（・・）	第5条　・・<u>第11条第1項第2号</u>・・・。 　2　・・・・・・・・・・・・・・・・。 　（・・）
第6条　・・・・・・。 　（1）　・・<u>第11条第3号</u>・・・・。 　（2）　・・・・・・・。 　（・・）	第6条　・・・・・・。 　（1）　・・<u>第11条第1項第2号</u>・・・・。 　（2）　・・・・・。 　<u>（3）　・・・・・・・。</u> 　（・・）
第7条　・・・・・・・・。 　（・・）	第7条　・・・・・・・。 　（・・）
第8条　・・・・・・・・・・・・。 　（・・）	第8条　・・・・・・・・・・・。 　（・・）
第9条　・・・<u>処理し、又は処分する</u>・・・建設・・・・・・・・・・・・・<u>業務</u>・・・・・・・。 　<u>（△△）</u>	第9条　・・・<u>又は処理する</u>・・・・・・建設<u>及び改良、維持その他の管理</u>・・・・<u>附帯する業務</u>・・・・・・・。 　<u>（○○○）</u>
第10条　・・・・・・・・・・・・。	第10条　・・・・・・・・・・・。

2　・・・<u>処理し、又は処分する</u>・・・。	2　・・・<u>又は処理する</u>・・・。<u>ただし、・・</u> <u>・・・・・・。</u>
（・・）	（・・）
第11条　・・・・・<u>受給の手続</u>・・・・・・・・・。	第11条　・・・・<u>医療を受ける者の申請に</u> <u>係る手続</u>・・・・・・・・・。
（1）　・・・・・・・・・・・	（1）　・・・・・・・・・・
<u>（2）　・・・・・・</u>	
（3）　<u>前2号</u>・・・・・・・	<u>（2）　前号</u>・・・・・・・
	<u>2　・・・・・・・・・・・・・・・。</u>
<u>（・・）</u>	<u>（◎◎）</u>
第12条　・・・・<u>前条第3号</u>・・・。	第12条　・・・・<u>前条第1項第2号</u>・・・。
2　・・・・・・・・・・・・・。	2　・・・・・・・・・・・・。
（・・）	（・・）
第13条　・・・・・<u>第17条第3項</u>・・。	第13条　・・・・・<u>第17条第2項</u>・・。
（・・）	（・・）
第14条　・・・・<u>第17条第3項</u>・・・。	第14条　・・・・<u>第17条第2項</u>・・・。
（△△）	（△△）
第15条　・・<u>第17条第3項</u>・・・・・。	第15条　・・<u>第17条第2項</u>・・・・・。
（・・）	（・・）
第16条　・・・・・・・・・・・・・。	第16条　・・・・・・・・・・・・・。
（1）　・・・・・・・・・・	（1）　・・・・・・・・・・
（2）　・・・・・	（2）　・・・・・
（・・）	（・・）
第17条　・・・・・・・・・・・・・・。	第17条　・・・・・・・・・・・・・・。
<u>2　・・・・・・・・・・・。</u>	
<u>3</u>　・・・・・・・・。	<u>2</u>　・・・・・・・・・・・。
（・・・）	（・・・）
第18条　・・・・・・・・・・・・・・・・。	第18条　・・・・・・・・・・・・・・・・。
附　　則	附　　則

改正例

×第２条ただし書を削る。

×第３条に後段として次のように加える。

×××この場合において、・・・。

×第４条及び第５条第１項中「第11条第３号」を「第11条第１項第２号」に改める。

×第６条第１号中「第11条第３号」を「第11条第１項第２号」に改め、同条に次の１号を加える。

×（3）・・・・・・・・・・。

×第９条中「処理し、又は処分する」を「又は処理する」に改め、「建設」の次に「及び改良、維持その他の管理」を加え、「業務」を「附帯する業務」に改める。

×第10条の見出しを「（○○○）」に改め、同条第２項中「処理し、又は処分する」を「又は処理する」に改め、同項に次のただし書を加える。

××ただし、・・・・・・・。

×第11条中「受給の手続」を「医療を受ける者の申請に係る手続」に改め、同条第２号を削り、同条第３号中「前２号」を「前号」に改め、同号を同条第２号とし、同条に次の１項を加える。

２　・・・・・・・・・・・・・・。

×第12条の見出しを「（◎◎）」に改め、同条第１項中「前条第３号」を「前条第１項第２号」に改める。

×第13条から第15条までの規定中「第17条第３項」を「第17条第２項」に改める。

×第17条第２項を削り、同条第３項を同条第２項とする。

×××附　則

×この条例は、平成○年○月○日から施行する。

解説

1　改正は、条単位で、前の方から順次進めることが基本である。

2　第2条は「ただし書」を削り、第3条は「後段」を追加する。ただし書も後段も構成単位であるので、基本的には項や号などと同様の扱いになる。削る場合は、単に第2条ただし書を削る、第2条後段を削る、とし、加える場合には、第3条に次のただし書を加える、第3条に後段として次のように加える、とする。（⇒§3.2.15、§3.3.10）

3　第4条と第5条は、同一の語句を他の同一の語句に改める内容である。改正内容が同じであれば、連続する条や、連続していなくても、その間に他の改正をする条がない複数の条も、「及び」で続けて、一括して改正する。なお、ここでは、第5条が複数の項で構成されているので、「第5条第1項」と特定する。（⇒§2.2.2）

4　第6条第1号中の改正は、同条に他の改正がなければ、第4条、第5条第1項と一緒に改正できたが、第3号の追加があるので、別の改正規定とすることになる。

　　第6条に第3号を加える改正は、第1号と第2号の次、つまり末尾に号を追加するので「第6条に次の1号を加える」とする。この場合は、前に改正があるので「同条」と引用する。なお、末尾に加える場合には、「第6条第2号の次に次の1号を加える」という形は採らない。（⇒§3.2.9）

5　第9条の改正は、改正対象の順に、「改め」、「加え」、「改め」とする。この場合、改正は対象規定の順番に行うこととされているから、「改め」をまとめるとか「加え」をまとめる、ということはしない。

6　第10条と第12条には、見出しの改正がある。このように見出しが全部改正される場合は、第○条の見出しを「（・・・）」に改める、として改正後の新しい見出しを括弧も含めて規定する。（⇒§3.1.11）

7　第13条、第14条及び第15条は、他の改正がなく、同一の語句を他の同一の語句に改める内容のみであり、三つ以上の条が連続する場合は、改正例で示したように「第13条から第15条までの規定中」と、「の規定」という文言を付加する。これは「第13条から第15条まで中」では語呂が悪いからだといわれている。

　　なお、三つ以上の条の場合で、条が連続しておらず、その間に改正対象外の条がある場合には、読点と「及び」で結び、同様の改正を行う。（⇒§2.2.2）

8　第17条の改正は、第2項を削り、第3項を第2項とするものである。これは「第17条中第2項を削り、第3項を第2項とする」としてもよい。

次の新旧対照表の下線部分に基づいて改正を行いたい。どのような改正規定を作成したらよいか。

改正前	改正後
（目的） 第１条　・・・・・・・。 　（・・） 第２条　・・・（・・を除く。）・・・・・。 　（・・） 第３条　・・・・・・・。 　（・・） 第４条　・・・（第11条２項を除く。）・・・。 　（・・及び・・） 第５条　・・・・・・・。 　２　・・・・・・・・・・・・・。 　（・・） 第６条　・・・・・・。 　（１）・・・・・・。 　（２）・・・・・・・。 　（３）・・・・・・・・・。 　（・・場合等） 第７条　・・・・・・・・・・・・。 第８条　・・・・・・。 　（△△） 第９条　・・・・・・・・・・・・。 　２　・・第11条第３項・・・・。ただし、・・・ 　・・・・・。 第10条　・・・・・・・・・・・・ 　・・。ただし、・・次条第２項・・・。 　（・・及び通知） 第11条　・・・・・・・・・。 　２　・・・・・・・・・・。	（目的） 第１条　・・・・・・・。 　（・・） 第２条　・・・（・・を除く。次条において同じ。）・・・・・。 　（・・） 第３条　・・・・・・・・・・・。 　（・・） 第４条　・・・・・・。 　（・・又は・・） 第５条　・・・・・・・。 　２　・・・・・・・・。 　３　・・・・・・・・・・・・・。 　（○○） 第６条　・・・・・・。 　（１）・・・・・・。 　（２）・・・・・・。 　（３）・・・・・・・・・・・。 　（・・場合） 第７条　・・・・・・・・・・・・。 第８条　・・・・・・。 　（○○○） 第９条　・・・・・・・・・・・・・。 　２　・・第11条第２項・・・。 第10条　・・・・・・・・・・・・ 　・・。ただし、・・・・・。 　（・・） 第11条　・・・・・・・・・。

<u>3</u>　前2項・・・・・・・・・・。	<u>2</u>　前項・・・・・・・・・。<u>この場合にお</u>
	<u>いて、・・・・。</u>
（・・）	（・・）
第12条　・・・・<u>附随する</u>・・・・・・・。	第12条　・・・・<u>付随する</u>・・・・・・・。
<u>（1）　・・・・・・。</u>	<u>（1）　・・・・・・・・・・。</u>
（2）　・・・・・・・。	（2）　・・・・・・。
（・・）	（・・）
第13条　・・・・<u>行なう</u>・・・・・・・・・。	第13条　・・・・<u>行う</u>・・・・・・・・・。
2　・・・・・・・・・・・・・・。	2　・・・・・・・・・・・・・・。
（・・）	（・・）
第14条　・・・・・・・・・・・・・・・。	第14条　・・・・・・・・・・・・・・・。
2　・・・・・・・・・・。	2　・・・・・・・・・・。
3　・・・・・・・・・・<u>行なう</u>。	3　・・・・・・・・・<u>行う</u>。
（・・）	（・・）
第15条　・・・・・・・・。	第15条　・・・・・・・・。
2　・・<u>行なう</u>・・・・・・・・・。	2　・・<u>行う</u>・・・・・・・・・。
（・・）	（・・）
第16条　次の各号に掲げる規定・・・・・・。	第16条　・・<u>調査を拒み、妨げ、又は忌避</u>
	<u>した場合</u>・・。<u>ただし、・・・。</u>
<u>（1）　・・・・・・・・・・・・・</u>	
<u>（2）　・・・・・・</u>	
（・・）	（・・）
第17条　・・・・・・・・・・・・・。	第17条　・・・・・・・・・・・・・。
附　則	附　則
この条例は、平成○年○月○日から施行する。	この条例は、平成○年○月○日から施行する。

改正例

×第２条中「除く」の次に「。次条において同じ」を加える。

×第３条を次のように改める。

×（・・）

第３条　・・・・・・・・・・・。

×第４条中「（第12条第２項を除く。）」を削る。

×第５条の見出し中「及び」を「又は」に改め、同条第２項を次のように改める。

２　・・・・・・・・・・・。

×第５条に次の１項を加える。

３　・・・・・・・・・・・。

×第６条の見出しを「（○○）」に改め、同条各号を次のように改める。

×（１）　・・・・・・・・・・。

×（２）　・・・・・・。

×（３）　・・・・・・・・・・・・。

×第７条の前の見出し中「場合等」を「場合」に改める。

×第９条の前の見出しを「（○○○）」に改め、同条第１項を次のように改める。

××・・・・・・・・・・・・・・・・・・。

×第９条第２項中「第11条第３項」を「第11条第２項」に改め、同項ただし書を削る。

×第10条ただし書中「次条第２項」を削る。

×第11条の見出し中「及び通知」を削り、同条第２項を削り、同条第３項中「前２項」を「前項」に改め、同項に後段として次のように加える。

××この場合において、・・・・。

×第11条第３項を同条第２項とする。

×第12条中「附随する」を「付随する」に改め、同条第１号を次のように改める。

×（１）　・・・・・・・・・・。

×第13条第１項、第14条第３項及び第15条第２項中「行なう」を「行う」に改める。

×第16条中「次の各号に掲げる規定」を「調査を拒み、妨げ、又は忌避した場合」に改め、同条に次のただし書を加える。

××ただし、・・・。

×第16条各号を削る。

×××附　則

×この条例は、平成○年○月○日から施行する。

```
解説
```

1　第2条の語句の改正は、追加部分の引用が「。」から始まる。句点、読点は、その次の
　語句が入る、あるいは削られることに伴って加えられたり削られたりするという考え方
　による。

2　第3条の全部改正は、これによって見出しも一緒に改正される。見出しは、条に付さ
　れる見出しと、複数の条に共通して付される（最初の条の前に置かれる）共通見出しと
　がある。前者の場合は、その条を全部改正する、削る、加える、ときには、その条と一
　体的に扱われる。ただし、その条の一部を改正する場合には、見出しが含まれるかどう
　かを確認的に規定する場合がある（例えば、「第○条の見出し中・・・」、「第○条（見出
　しを含む。）中・・・」など）。後者の場合は、共通見出しと、これによってくくられる各
　条とは、別個に扱われる（例えば「第○条の前の見出し及び第○条中・・・」など）。（⇒
　§2.1.8、§2.1.9）

3　第5条は見出し中の語句を改める、第6条は見出しを改める改正である。加えて、第
　5条は第2項の全部改正と第3項の追加があり、改正規定は二つに分かれるが、第3項は、
　第5条の末尾に加えるので、単に「第5条に次の1項を加える」とする。第6条は各号
　の全部を一括して改める改正を行う。

4　第7条と第9条は、第7条の前の共通見出し（第8条との共通）中の語句を改める、
　第9条の前の共通見出し（第10条との共通）を改める改正である。第9条は、加えて、
　第1項の全部を改める改正と、第2項の語句の改めとただし書を削るがある。第9条の
　前の見出しの改正と、第9条の改正は、続けて（一つの改正規定で）行うことができる。
　第10条は、ただし書中の語句の改正であり、「第10条ただし書中・・・」と特定する。（⇒
　§2.1.10、§2.1.23）

5　第11条は、見出し中の語句を改める、第3項に後段を加える、第2項を削って第3項
　を第2項とする、とする改正である。後段を加えるときは、「第3項に後段として次のよ
　うに加える」として改行し、後段を3字目から置く。後段を加えることによって、改正
　規定が区切られるので、改めて、第11条第3項を同条第2項とする改正規定を次に置く
　ことになる。なお、これを、後段を置く規定に続けることも可能であり、その場合は、「・・・
　後段として次のように加え、同項を同条第2項とする」とすることになる。（⇒§3.2.
　15）

　　なお、「前2項」を「前項」に改めるのは、第2項を削って第3項を第2項とすること
　による整理であり、このような整理が第9条第2項と第10条ただし書にもある。改正に
　伴う整理には注意を要する。

6　第12条は、各号列記以外の部分に語句の改正があるが、改正規定では「第12条中」と

引用している。「各号列記以外の部分」として特定する場合は、各号列記以外の部分と各号のいずれかにも同一の語句が存在し、かつ、各号内の語句は改正せずに、各号列記以外の部分の語句だけを改正するという場合とされているためである（第16条も同じ）。

7　第13条から第15条までは、同一の語句を他の同一の語句に改める（この場合は送り仮名の変更）改正である。それぞれの箇所を特定し、「及び」で結んで一括して改正を行う。この間に異なる改正が挟まったりすると、このような一括はできず、順に、かつ、個々に改正を進めることになる。（⇒§2.2.2）

8　第16条は、各号を削り、その一部を柱書きの方に移し、かつ、ただし書を追加する改正である。改正は「前から順次に」行う原則により、各号列記以外の部分の改正、つまり柱書きの改正を行い、ただし書を加えた後で、各号を削る。

次の新旧対照表の下線部分に基づいて改正を行いたい。どのような改正規定を作成したらよいか。

改正前	改正後
（目的） 第1条　・・・・・・・。 　（・・） 第2条　・・・・・・・・・。 　（・・） 第3条　・・・・・・。この場合において、 　・・・。 　（・・） 第4条　・・・・・・・。 　（・・） 第5条　・・第10条第3号・・・。 2　・・第10条第3号・・・処理し、又は処分する・・・・・・・。 　（・・） 第6条　・・・・。ただし、・・・・。 　（1）　・・・・・・。 　　ア　・・・・・・・ 　　イ　・・・・既存の・・・・ 　　ウ　・・・・・既存の・・・・ 　（2）　・・・・・・。 　（3）　・・・・・・。 　（・・） 第7条　・・・・・・・・・。 　（・・） 第8条　・・・・・・・・・・・・。 　（・及び・） 第9条　・・・・・及び・・・・・・・。 　（・・） 第10条　・・・・・・・・・・・・・。ただし、 　・・・・・。	（目的） 第1条　・・・・・・・。 　（○○） 第2条　・・・・・・・・・。 　（・・） 第3条　・・・・・・。 　（・・） 第4条　・・・・・・・。 　（□□） 第5条　・・第10条第1項第2号・・・。 2　・・第10条第1項第2号・・・又は処理する・・・・・・・。 　（・・） 第6条　・・・・。ただし、・・・・。 　（1）　・・・・・・。 　　ア　・・・・・・・ 　　イ　・・・・新たな・・・・ 　　ウ　・・・・・新たな・・・・ 　（2）　・・・・・・。 　（3）　・・・・・・。 　（・・） 第7条　・・・・・・・・・。 　（・・） 第8条　・・・・・・・・・・・・。 　（・又は・） 第9条　・・・・・又は・・・・・・・。 　（・・） 第10条　・・・・・・・・・・・・・。

（1）　・・・・・・・・・

（2）　・・・・・・

（3）　前2号・・・・・・・

（・・）

第11条　・・・・・・・・・・・・・。

（1）　・・・・・・・・・・

（2）　・・・・・・

（・・及び・）

第12条　・・・・及び・・・・・・・・・。

2　・・・・・・・・・・・・。

（1）　・・・・・・行なう・・・・・・

（2）　・・・・・行なう。

（3）　・・・・・・・・・・・行なう。

（4）　・・・・・行なう。

（・・）

第13条　・・・・・・・・・。この場合において、・・・・。

第14条　削除

（・・）

第15条　・・・・・・・・。

2　・・・・・・・・・・。

（・・）

第16条　・・・・・・・・・・・。

（・・）

第17条　・・・・・・・・・・・・・。

2　・・・・・・・・・・・。

3　・・・・・・・・。

（・・）

第18条　・・・・・・・・・・。

（1）　・・・・・・・

（2）　前号・・・・・・・

2　・・・・・・・・・・・・・。

（・・）

第11条　・・・・・・・・・・・・・・・・。

（1）　・・・・・・・・・

（2）　・・・・・

（3）　・・・・・・・・・

（・・又は・）

第12条　・・・・又は・・・・・・・・。

2　・・・・・・・・・・・。

（1）　・・・・・行う・・・・・・・

（2）　・・・・行う。

（3）　・・・・・・・・・・行う。

（4）　・・・・・行う。

（・・）

第13条　・・・・・・・・。この場合において、・・。

（・・）

第14条　・・・・・・・・・・。

（△△）

第15条　・・・・・・・・。

2　・・・・・・・・・・。

（・・）

第16条　・・・・・・・・・・・。ただし、・・・・・・・。

（・・）

第17条　・・・・・・・・・・・。

2　・・・・・・・・・・・・。

3　・・・・・・・・。

（・・）

第18条　・・・・・・・・・・。この場合において、・・・。

（‥）	（△△）
第19条　‥‥‥‥。	第19条　‥‥‥‥‥‥。
第20条　‥‥‥‥‥。	第20条　‥‥‥‥‥。
附　則	附　則
この条例は、平成○年○月○日から施行する。	この条例は、平成○年○月○日から施行する。

改正例

　×第２条を次のように改める。

　×（○○）

第２条　‥‥‥‥‥。

　×第３条後段を削る。

　×第５条の見出しを「（□□）」に改め、同条第１項中「第10条第３号」を「第10条第１項第２号」に改め、同条第２項中「第10条第３号」を「第10条第１項第２号」に、「処理し、又は処分する」を「又は処理する」に改める。

　×第６条ただし書を次のように改める。

　××ただし、‥‥‥‥‥。

　×第６条第１号アを次のように改める。

　××ア　‥‥‥‥‥‥

　×第６条第１号イ及びウ中「既存の」を「新たな」に改め、同条第２号及び第３号を次のように改める。

　×（２）　‥‥‥‥‥‥‥。

　×（３）　‥‥‥‥‥。

　×第７条及び第８条を次のように改める。

　×（‥）

第７条　‥‥‥‥‥‥‥‥。

　×（‥）

第８条　‥‥‥‥‥。

　×第９条（見出しを含む。）中「及び」を「又は」に改める。

　×第10条ただし書を削り、同条第１号を次のように改める。

　×（１）　‥‥‥‥

設問６　新旧対照簡略表に基づく改正案の作成３　119

×第10条第2号を削り、同条第3号中「前2号」を「前号」に改め、同号を同条第
2号とし、同条に次の1項を加える。

2　・・・・・・・・・・・・・・・。

×第11条各号列記以外の部分を次のように改める。

××・・・・・・・・・・・・・・・・・・・。

×第11条に次の1号を加える。

×（3）・・・・・・・・・・・

×第12条の見出し及び同条第1項中「及び」を「又は」に改め、同条第2項各号中
「行なう」を「行う」に改める。

×第13条後段を次のように改める。

××この場合において、・・。

×第14条及び第15条を次のように改める。

×（・・）

第14条　・・・・・・・・・・・・・・・。

×（△△）

第15条　・・・・・・・・・・・・・。

2　・・・・・・・・・・・。

×第16条に次のただし書を加える。

××ただし、・・・・・・・。

×第17条第1項及び第2項を次のように改める。

××・・・・・・・・・・・・・。

2　・・・・・・・・・・・・・・・・。

×第18条に後段として次のように加える。

××この場合において、・・・。

×第19条の前の見出し及び同条を次のように改める。

×（△△）

第19条　・・・・・・・・・・・。

×××附　則

×この条例は、平成○年○月○日から施行する。

解説

1 第2条の改正は、条の全部を改める。見出しもこれと一体となって改められる。（⇒
§3.1.1）

2 第5条の改正は、見出しを全部改正し、第1項と第2項の語句を改める。第1項と第
2項の双方に同一の語句が存在するが、第2項には他の語句の改正もあるため、同一の
語句だけをまとめて改正するのではなく、項単位で順に改正する。

3 第6条の改正は、3段階に分かれる。まず、各号列記以外の部分のただし書を改めるが、
この場合「各号列記以外の部分」と特定する必要はない。次に、第1号アの全部を改める。
次に、第1号のイとウ中の語句を改めて、第2号と第3号をまとめて全部を改める。ア
の配字は3字目、第2号・第3号の配字は2字目となる。（⇒§3.1.16、§3.1.20）

4 第7条と第8条の改正は、二つの連続する条の全部を改める。二つ連続の場合は条と
条を「及び」で接続し、三つ以上連続の場合は「第○条から第○条まで」と規定する。

5 第9条の改正は、見出しと条文中の双方に同一の語句が存在し、その語句だけを改め
る場合である。改める語句が異なるときは、「第9条の見出し中・・・に改め、同条中・・・
に改める」とする。（⇒§2.1.9）

6 第10条の改正は2段階になる。まず、柱書き中のただし書を削って、第1号を全部改
正する。次に、第2号を削り、第3号の語句を改めて、同号を繰り上げ、新たに第2項
を加える。第2項として加えるので「第10条に次の1項を加える」とすればよい。

7 第11条の改正は、各号列記以外の部分の全部を改めるから、ここで区切れ、2段階と
する。柱書きという構成単位の名称はないので、「各号列記以外の部分」として特定する。
この場合も配字は3字目からで、改正後の規定を置く。次いで、末尾に第3号を加える。
（⇒§3.1.15）

8 第12条の改正は、見出しと第1項中の同一の語句を、また第2項の各号全部のうちの
同一の語句を他の同一の語句に改めるものである。前半は見出しと第1項中の語句を改
める、後半が第2項の各号中の語句を改める改正である。（⇒§2.1.8）

9 第14条と第15条の改正は、第14条がこれまで「削除」となっていたものを全部改正を
するものであり、第15条も同じ全部改正である。したがって、二つの連続する条を一括
して改める。

10 第16条の改正は、ただし書を加えるものであり、3字目からただし書を置く。（⇒§3.
2.14）

11 第17条の改正は、3項からなる条のうち、第1項と第2項の全部を改正する。第1項
は、「第1項」と特定しているので、新たな条文だけを3字目から置き、第2項は項番号
を付して1字目から規定する。（⇒§3.1.13、§3.1.14）

12　第18条の改正は、後段を加えるものであり、「後段として次のように加える」として、後段を3字目から置く。（⇒§3.2.15）

13　第19条の改正は、共通見出しとその直後の条をともに全部改正するものである。共通見出しは、条と一体となっている見出しと異なり、独立的に扱うので、「第19条の前の見出し」として特定し、これと第19条の全部を改めるとすることになる。したがって、「第19条の前の見出し及び同条を次のように改める」とする。（⇒§3.1.12）

次の新旧対照表の下線部分に基づいて改正を行いたい。どのような改正規定を作成したらよいか。

改正前	改正後
（目的） 第1条　・・・・・・・・・。 （・・） 第2条　・・研修・・・・・・。 2　・・・・・・<u>主催旅行</u>・・・・・・。 （<u>旅行の広告</u>） <u>第3条</u>　・・<u>運送又は宿泊のサービス</u>・・・。 <u>2</u>　・・・・。<u>この場合において、</u>・・。 <u>3</u>　<u>前2項</u>・・・・・・・・・・・。 （・・） 第4条　・・・<u>主催旅行</u>・・・・・・。 （1）　・・<u>取りもどす</u>・・・・ （2）　・・・・・・・・ （3）　・・・・・・・・ （4）　・・・・・・・・ （・・） 第5条　・・・・<u>表示</u>・・・・。 2　・・・・・・・・・・・・・。 （・・）	（目的） 第1条　・・・・・・・・・。 （・・） 第2条　・・研修<u>（以下「旅行管理研修」という。）</u>・・・・・・。 2　・・・・・・<u>企画旅行</u>・・・・・・。 （・・） 第3条　・・・・・・・・・。 （<u>企画旅行の広告</u>） <u>第4条</u>　・・<u>運送等サービス</u>・・・・。 <u>2</u>　・・・・・・・・・・・・・。 <u>3</u>　・・・・・・・・・。 <u>4</u>　・・・・・・・・。 <u>5</u>　<u>前各項</u>・・・・・・・・・。 （〇〇） 第5条　・・・<u>企画旅行</u>・・・・・・。 （1）　・・・・・・・・・・ （2）　・・・・・・・・ （3）　・・<u>取り戻す</u>・・・・・・ （・・） 第6条　・・・・・・・・・・・・・・・・・。 2　・・・・・・・・・・・・・。 （・・） 第7条　・・・・<u>表示、広告その他の行為</u>・・・・。 2　・・・・・・・・・・・・・。 （・・）

第6条　・・・<u>指定</u>・・・。 　（・・） 第7条　・・・・・・・<u>指定</u>・・・・・・・・。 2　・・・・・・・・・・・・・・。 3　・・・<u>指定</u>・・・・・・・・。 4　・・・・・<u>指定</u>・・・・・・・。 　（・・） 第8条 　・・・<u>添附し</u>・・・・・・・・。 2　・・・・・・・・・・・・。 3　・・・・<u>添附し</u>・・・・・・・。 　　　附　　則	第8条　・・・<u>登録</u>・・・。ただし、・・・。 　（・・） 第9条　・・・・・・・<u>登録</u>・・・・・・・・。 2　・・・・・・・・・・・・・・。 3　・・・<u>登録</u>・・・・・・・・。 4　・・・・・・・・・・・・・・・。 5　・・・・<u>登録</u>・・・・・・・。 　（・・） 第10条　・・・・・・・・・・・・。 2　・・・<u>添付し</u>・・・・・・・。 3　・・・・・・・・・・・・・。 4　・・・・<u>添付し</u>・・・・・・・。 5　・・・・・・・・・・・・。 　（・・） 第11条　・・・・・・・・・・・。 　　　附　　則

改正例

×第２条第１項中「研修」の次に「（以下「旅行管理研修」という。）」を加え、同条第２項中「主催旅行」を「企画旅行」に改める。

×第８条第３項中「添附し」を「添付し」に改め、同項を同条第４項とし、同条第２項を同条第３項とし、同条第１項中「添附し」を「添付し」に改め、同項を同条第２項とし、同条に第１項として次の１項を加える。

××・・・・・・・・・・・・・。

×第８条に次の１項を加える。

5　・・・・・・・・・・・・・・。

×第８条を第10条とする。

×第７条第１項及び第３項中「指定」を「登録」に改め、同条第４項中「指定」を「登録」に改め、同項を同条第５項とし、同条第３項の次に次の１項を加える。

4　・・・・・・・・・・・・・・・。

×第７条を第９条とする。

×第６条中「指定」を「登録」に改め、同条に次のただし書を加える。

××ただし、・・・・・。

×第６条を第８条とする。

×第５条第１項中「表示」の次に「、広告その他の行為」を加え、同条を第７条とする。

×第４条の見出しを「（○○）」に改め、同条中「主催旅行」を「企画旅行」に改め、第２号から第４号までを削り、同条第１号中「取りもどす」を「取り戻す」に改め、同号を同条第３号とし、同条に第１号及び第２号として次の２号を加える。

×（１）・・・・・・・・・・・・・

×（２）・・・・・・・・・

×第４条を第５条とし、同条の次に次の１条を加える。

×（・・）

第６条　・・・・・・・・・・・・・・・・。

２　・・・・・・・・・・・・。

×第３条の見出しを「（企画旅行の広告）」に改め、同条第１項中「運送又は宿泊のサービス」を「運送等サービス」に改め、同条第３項中「前２項」を「前各項」に改め、同項を同条第５項とし、同条第２項後段を削り、同項を同条第４項とし、同条第１項の次に次の２項を加える。

２　・・・・・・・・・・・。

３　・・・・・・・・・・・・。

×第３条を第４条とし、第２条の次に次の１条を加える。

×（・・）

第３条　・・・・・・・・・。

×本則に次の１条を加える。

×（・・）

第11条　・・・・・・・・・・・。

×××附　則

×この条例は、平成○年○月○日から施行する。

設問７　新旧対照簡略表に基づく改正案の作成４ 125

```
解説
```

1　第２条の改正は、語句を加えるものと語句を改めるもので、それぞれ項を特定して改正を行う。（⇒§２.１.17、§２.１.16）

2　次は、順に行けば第３条の改正になるが、第３条以下を繰り下げる必要から、その場所を確保するために後ろから順に前に向かって改正を進める。条の移動は、本則末尾の第８条を第10条とし、第５条から第７条までを２条ずつ繰り下げて、新第６条を加え、第３条と第４条を１条ずつ繰り下げて、新第３条を加える。最後に、本則末尾に新第11条を加える、という順になる。各条の改正はそれぞれ順に行っていかなければならないから、まず第８条の改正から進める。

3　第８条の改正は、二つの項の追加があり、条の移動もあるので、３段階になる。第３項の語句の改正と同項の移動、第２項の移動、第１項の語句の改正と同項の移動、新第１項の追加が、第１段階、第２として新第５項の追加、第３として第８条を第10条とする移動、となる。新第５項の追加は、末尾に加えるので、単に「第８条に」「加える」とする。なお、第８条を第10条とする規定は、新第５項を加える規定に続けてもよい（「第８条に次の１項を加え、同条を第10条とする」）。その場合は２段階になる。

4　第７条の改正は、第１項、第３項及び第４項に同一の語句の改正があり、まとめて「改める」とすることも考えられるが、第１項と第３項は移動をせず、第４項は移動するので、第４項は切り離して、同じ改めの改正をして移動する、と規定する方が妥当だろう。２と同様、「第７条を第９条とする」部分は新第４項を加える部分に続けて規定してもよい。（⇒§４.５.１）

5　第６条は、語句を改める、ただし書を加える、更に条を移動する、三つの改正である。ここも３と同様に、ただし書を加える規定に続けて条の移動を規定してもよい。

6　第５条の改正は、語句を改めるのと、第７条への移動である。

　新第６条の追加は、第４条を改正して第５条とした後、第５条の次に新たな第６条を加えるとしているが、この第５条を第７条とする部分に続けて、第７条の前に新第６条を加えるとしてもよい（「・・・同条を第７条とし、同条の前に次の１条を加える」として新第６条を置く）。この場合、第４条を第５条として同条の次に第６条を加える規定は、単に「第４条を第５条とする」だけになる。また、この場合、これを、第４条に２号を加える規定に続けてもよい。

7　第４条の改正は、見出しの全部を改める、各号列記以外の部分の語句を改める（この場合、特に「各号列記以外の部分中」とする必要はない）、各号のうち第２号以下を削る、第１号及び第２号として２号を加える、という構成である。なお、語句を改める部分の「同条中」は、「第２号から第４号までを削る」まで及んでいる。

なお、第２号を加える場合、これだけなら普通は「第１号の次に次の１号を加える」とするが、第１号とともに加えるので、一括して、第１号と同じ言い方で加えている。

8　第３条の改正では、第３項中の「前２項」は直前二つの項を指しているが、新たに２項追加されて先行する項が四つになるため、「前各項」とする。追加に伴う整理である。

9　第11条の追加は、本則の末尾に条を加える形なので、「本則に」「加える」とする。条の末尾に項を追加する場合などと同様である。（⇒§３.２.２）

次の新旧対照表の下線部分に基づいて改正を行いたい。どのような改正規定を作成したらよいか。

改正前	改正後
（目的） 第1条　・・・・・・・・・。 　（・・） 第2条　・・・・・・・・。 　（1）・・・・・・・・・・ 　　ア　・・・・・ 　　<u>イ　・・・・・・・・</u> 　　<u>ウ</u>　・・・・<u>基き</u>・・・ 　　<u>エ</u>　・・・・・・ 　（2）　・・・・・・・・・ 　（・・） 第3条　・・・<u>定が</u>・・・・・。 第4条　・・健康相談・・・。 　（1）　・・・・・・・・ 　<u>（2）</u>　・・・<u>伝染病</u>・・・・・ 　<u>（3）</u>　・・・・・・・・ 2　・・・・・<u>伝染病</u>・・・・・・・・。 　この場合において、・・・・・・・・・・・・・<u>については</u>・・・。 　（・・） 第5条　<u>前条第1項第2号</u>・・・<u>達成に</u>・・・・・。 　（1）　・・・・・・・ 　<u>（2）</u>　・・・・・・・ 　（3）　・・・・・・・	（目的） 第1条　・・・・・・・・・。 　（・・） 第2条　・・・・・・・・。 　（1）・・・・・・・・・・ 　　ア　・・・・・ 　　<u>イ</u>　・・・・<u>基づき</u>・・・ 　　<u>ウ</u>　・・・・・・ 　（2）　・・・・・・・・・ 　<u>（○○）</u> 第3条　・・・<u>定めが</u>・・・・・。 第4条　・・健康相談、<u>健康指導</u>・・・。 　<u>この場合において、・・・。</u> 　（1）　・・・・・・・・ 　<u>（2）</u>　・・・・・・・ 　<u>（3）</u>　・・・<u>感染症</u>・・・・・ 　<u>（4）</u>　・・・・・・・・ 2　・・・・・<u>感染症</u>・・・・・・・・・。 　この場合において、・・・・・・・・・・・・・<u>を実施するに当たっては</u>・・・。 　<u>（△△）</u> 第5条　<u>前条第1項第3号</u>・・・<u>が達成されるよう</u>・・・・・。 　（1）　・・・・・・・・ 　（2）　・・・・・・・・ 　（3）　・・・・・・・ 　　<u>ア</u>　・・・・・・・ 　　<u>イ</u>　・・・・・・・ 　　<u>ウ</u>　・・・・・・

（４）・・・・・・・・・・・	（４）・・・・・・・・・・
	第６条　・・・・・・・・・・・・・。
（・・）	（・・）
第６条　<u>前条第２号</u>・・・・・・・・・・・。	第７条　<u>第５条第２号</u>・・・・・・・・。
ただし、・・・<u>配分</u>・・・。	ただし、・・・<u>流通</u>・・・。
２　・・・・・・・・・・・。	２　・・・・・・・・・・・。
（・・）	（・・）
第７条　・・・・・・・・・。	第８条　・・・・・・・・・。
（・・）	（・・）
第８条　・・・<u>伝染病</u>・・・・・・。	第９条　・・・<u>感染症</u>・・・・・・。<u>ただし、</u>
	<u>・・・・・・。</u>
	２　・・・・・・・・・・・。
２　・・・<u>伝染病</u>・・・・・・・・・・。	<u>３</u>　・・・<u>感染症</u>・・・・・・・・・。
	<u>４</u>　・・・・・・・・・・・・。
	<u>（・・）</u>
	第10条　・・・・・・・・・・・。
	２　・・・・・・・・・・・・。
（・・）	（・・）
第９条　<u>・・・・・・・・・・。</u>	第11条　<u>・・・・・・・・・・・・。</u>
（１）・・・・・・・・	（１）・・・・・・・・
	<u>ア・・・・・・・・・・</u>
<u>ア</u>・・・・・・・	<u>イ</u>・・・・・・
<u>イ</u>・・・・・・・	<u>ウ</u>・・・・・・
	<u>エ・・・・・・・・・</u>
（２）・・・・・・・・・	（２）・・・・・・・・
附　則	附　則

```
改正例
```

×第２条第１号イを削り、同号ウ中「基き」を「基づき」に改め、同号ウを同号イとし、
同号エを同号ウとする。
×第３条の前の見出しを「（○○）」に改め、同条中「定が」を「定めが」に改める。
×第４条第１項中「健康相談」の次に「、健康指導」を加え、同項に後段として次
のように加える。
××この場合において、・・・。
×第４条第１項第３号を同項第４号とし、同項第２号中「伝染病」を「感染症」に
改め、同号を同項第３号とし、同項第１号の次に次の１号を加える。
×（２）・・・・・・・・
×第４条第２項前段中「伝染病」を「感染症」に改め、同項後段中「については」を「を
実施するに当たっては」に改める。
×第５条の見出しを「（△△）」に改め、同条中「前条第１項第２号」を「前条第１
項第３号」に、「達成に」を「が達成されるよう」に改め、同条第２号を次のように
改める。
×（２）・・・・・・・・・・
×第５条第３号に次のように加える。
××ア　・・・・・・・・・
××イ　・・・・・・・・
××ウ　・・・・・・・
×第９条各号列記以外の部分を次のように改める。
××・・・・・・・・・・・・・・。
×第９条第１号イを同号ウとし、同号アを同号イとし、同号にアとして次のように
加える。
××ア　・・・・・・・・・・・
×第９条第１号に次のように加える。
××エ　・・・・・・・・・・
×第９条を第11条とする。
×第８条第１項中「伝染病」を「感染症」に改め、同項に次のただし書を加える。
××ただし、・・・・・・。
×第８条第２項中「伝染病」を「感染症」に改め、同項を同条第３項とし、同条第
１項の次に次の１項を加える。

2　・・・・・・・・・・・・。
×第8条に次の1項を加える。
　4　・・・・・・・・・・・・。
×第8条を第9条とし、同条の次に次の1条を加える。
×（・・）
第10条　・・・・・・・・・・・・・。
　2　・・・・・・・・・・・・・・・。
×第7条を第8条とする。
×第6条第1項本文中「前条第2号」を「第5条第2号」に改め、同項ただし書中
　「配分」を「流通」に改め、同条を第7条とする。
×第5条の次に次の1条を加える。
×（・・）
第6条　・・・・・・・・・・・・・。
×××附　　則
×この条例は、平成○年○月○日から施行する。

解説

1　第2条の改正は、第1号イが削られ、後続するウに語句の改正があり、ウとエを繰り
　上げる。アイウやａｂｃの移動では、その帰属を明確にすることはもちろん必要だが、
　条項号のように「同」で受けることができない。第1号ウであれば、「同号ウ」のような
　受け方をせざるを得ない。したがって、「同号ウ中・・改め、同号ウを・・」というように、
　この場合は「号」であるが、重複して引用することになる。また、「第1号ウを同号イとし、
　同号エを同号ウとする」というように、引用することも同じである。ただし「第1号中
　ウをイとし、エをウとする」と表現することは可能である。（⇒§2.1.19、§4.7.2）
2　第3条の前の見出しは共通見出しであり、その直後の第3条にも語句の改正がある。
　共通見出しは直後の条に一体化するものではなく、改正は個別に行うが、共通見出しだ
　けで規定を区切ることはせず、直後の条と継続して改正を行う。（⇒§2.1.10）
3　第4条の改正は三つに区切られる。まず、第1項では、各号列記以外の部分に改正が
　あるが、特にそのような特定をする必要がないので、「第4条第1項中」の語句を改める
　とすることで足りる（各号に同じ語句があり、同じ改正をすることになっても、別々に
　改める必要はない。）と規定する。第1項に後段を加えるので、改正はここで区切られる。

次は、第1項の各号の改正で、新たな第2号を加えるため、既存の第3号、第2号の順に繰り下げ、スペースを作って新たな第2号を追加する。

　　最後に、第2項中の改正であるが、前段と後段に分ければより明確だろうが、特にその必要があるとは言えなければ（それぞれに同じ対象語句があってそれは排除したい、あるいは前段も後段も非常に長い文で、確認の便利のためなど）、単に「第2項中・・・」として語句の改正を二つ続けてもよい。

4　第5条の改正は、条の見出しの全部を改め、第4条の改正に伴う整理をし、第2号を全部改める、で区切り、次に第3号にアイウの箇条書を加える、の2段階になる。アイウを加える場合には、「第3号に次のように加える」としてアイウを一括して掲げる。

5　ここで、新第10条と新第6条を加えるための場所を確保するために、後ろから改正を進めることになる。

　　第9条は、各号列記以外の部分が全部改正される。複数の項があれば、「第1項」と指示することができるが、ここではそれは必要ないため、「各号列記以外の部分」と特定する。「各号列記以外の部分」は、3字目から規定する。

　　次に第9条第1号にアとエを加えるが、アはアとイを移動させて加え、エは末尾になるので、「第1号に」「加える」とする。なお、前者は「第1号中イをウとし、アをイとし、アとして次のように加える」としてもよい。（⇒ §4.7.1）

　　第9条を第11条とする。これはエを加える改正に続けてもよい。

　　なお、これだけの一部改正を行う場合には、単に「第9条を次のように改める」として全部改正の形をとって、改正後の全文を掲げてもよいだろう。

6　第8条の改正は、第1項にただし書を加える、第2項を繰り下げて新第2項を加える、末尾に新第4項を加える、第8条を第9条とする、の4段階になる。第8条を第9条とする部分は、同条（第9条）の次に第10条を加えるので、第3段階に続けて規定することはできない。

　　なお、第10条を加える改正は、「第9条を第11条とし、同条の前に次の1条を加える」として行うことも可能である。ただし、このようにすると、第9条の改正規定を、エを加える改正規定に続けることはできない。

7　第7条を第8条とし、第6条を第7条とする。この二つの改正は特に問題はない。なお、第6条第1項中の語句の改正は、必ずしも「本文」「ただし書」の特定をしなければならないわけではない（上記の3を参照）。

次の新旧対照表の下線部分に基づいて改正を行いたい。どのような改正規定を作成したらよいか。

改正前	改正後
○○市□製品□□条例	○○市□商品□□条例
（目的）	（目的）
第1条　・・・・<u>製品</u>・・・・。	第1条　・・・・<u>商品</u>・・・・。
（・・）	（・・）
第2条　・・<u>製品</u>・・・・・・。	第2条　・・<u>商品</u>・・・・・・。
2　・・・・・・・・・・・・・。	2　・・・・・・・・・・・・・。
（・・）	（・・）
第3条　・・・<u>対策の総合的推進</u>・・・。	第3条　・・・<u>総合的な施策の推進</u>・・・。
（1）・・・・・・・・・・・	（1）・・・・・・・・・・・
ア・・・・・・・	ア・・・・・・・
（ア）・・・・・・・	（ア）・・・・・・・
	<u>（イ）</u>・・・・・・・・・
<u>（イ）・・・によってする</u>・・	（ウ）・・・<u>による</u>・・
<u>（ウ）</u>・・・・・・・・	（エ）・・・・・・・・
<u>（エ）</u>・・・・・・・・	（オ）・・・・・・・・
<u>（オ）</u>・・・・・・・	（カ）・・・・・・・
<u>イ・・・・・・・・・</u>	
ウ・・・<u>場合には、</u>・・・・・	イ・・・<u>場合における</u>・・・・・
（ア）・・・・・・・	（ア）・・・・・・・
（イ）・・・・・・・	（イ）・・・・・・・
（ウ）・・・・・・・	（ウ）・・・・・・・
（エ）・・・・・・・	
エ・・・・<u>製品</u>・・・	ウ・・・・<u>商品</u>・・・
	<u>エ・・・・・・・・・</u>
（2）・・・・・・・・・	（2）・・・・・・・・・
（・・）	（・・）
<u>第4条　・・・・・・・・・。</u>	<u>第4条　削除</u>
（・・）	（・・）
第5条　<u>前条</u>・・<u>法</u>・・・・・。	第5条　・・<u>地方自治法（昭和22年法律第67号）</u>・・・・。

（‥）

第6条　‥‥‥‥‥‥。

　（‥）

第7条　‥‥‥‥‥。

第8条　‥‥‥‥‥‥。

　（‥）

第9条

　‥‥‥‥‥‥‥‥。

2　‥‥‥‥しなければ‥‥‥‥。

3　‥‥‥‥‥‥‥。

　（‥）

第10条　前条第2項‥‥‥‥‥‥‥。

　（1）‥‥‥‥‥‥

　　ア　‥‥‥‥

　　イ　‥‥保護に関する施策を講ずる‥

　　　‥‥‥

　　ウ　‥‥‥‥‥

　（2）‥‥‥‥‥‥‥

　　ア　‥‥‥‥‥

　　イ　‥‥‥‥‥‥

　　ウ　‥‥‥‥‥

　　エ　‥‥保護に関する施策‥‥‥

　　オ　‥‥‥‥‥‥

　　カ　‥‥‥‥‥

　　キ　‥‥‥‥‥‥

　　ク　‥‥‥‥‥

　　ケ　‥‥‥‥‥

　　コ　‥‥‥‥‥‥

　　サ　‥‥‥‥‥

2　‥‥‥‥‥‥‥‥。

　（‥）

第11条　‥‥‥‥‥‥‥。

（‥）

第6条　‥‥‥‥‥‥‥。

第7条及び第8条　削除

　（‥）

第9条　‥‥‥‥‥‥‥。

2　‥‥‥‥‥‥‥‥。

3　‥‥‥‥申請しなければ‥‥‥‥。

　ただし、‥‥‥。

4　‥‥‥‥‥‥‥‥。

5　‥‥‥‥‥‥‥。

　（‥）

第10条　前条第3項本文‥‥‥‥‥‥。

　（1）‥‥‥‥‥‥

　　ア　‥‥‥‥

　　イ　‥‥政策の推進‥‥‥‥

　　ウ　‥‥‥‥‥

　（2）‥‥‥‥‥‥‥

　　ア　‥‥‥‥‥

　　イ　‥‥‥‥‥‥

　　ウ　‥‥政策‥‥‥

　　エ　‥‥‥‥‥

　　オ　‥‥‥‥‥‥

　　カ　‥‥‥‥‥

　　キ　‥‥‥‥‥

　　ク　‥‥‥‥‥‥

　　ケ　‥‥‥‥‥

2　‥‥‥‥‥‥‥‥。

第11条から第13条まで　削除

（・・）	
第12条　・・・・・・・・・・。	
（・・）	
第13条　・・・・・・・・・・。	
（・・）	（・・）
第14条　・・・・・・・・・。	第14条　・・・・・・・・・・。
附　　則	附　　則

改正例

×題名中「製品」を「商品」に改める。

×第１条及び第２条第１項中「製品」を「商品」に改める。

×第３条中「対策の総合的推進」を「総合的な施策の推進」に改め、同条第１号ア中（オ）を（カ）とし、（エ）を（オ）とし、（ウ）を（エ）とし、同号ア（イ）中「によってする」を「による」に改め、同号ア（イ）を同号ア（ウ）とし、同号ア（ア）の次に次のように加える。

×××（イ）　・・・・・・・・・

×第３条第１号イを削り、同号ウ中「場合には、」を「場合における」に改め、（ア）を削り、（イ）を（ア）とし、（ウ）を（イ）とし、（エ）を（ウ）とし、同号ウを同号イとし、同号エ中「製品」を「商品」に改め、同号エを同号ウとし、同号に次のように加える。

××エ　・・・・・・・・・

×第４条を次のように改める。

第４条　削除

×第５条中「前条」を削り、「法」を「地方自治法（昭和22年法律第67号）」に改める。

×第７条の前の見出しを削り、同条及び第８条を次のように改める。

第７条及び第８条　削除

×第９条第３項を同条第５項とし、同条第２項中「しなければ」を「申請しなければ」に改め、同項に次のただし書を加える。

××ただし、・・・・。

×第９条第２項を同条第３項とし、同項の次に次の１項を加える。

４　・・・・・・・・・・・・・・・・・。

×第９条第１項を同条第２項とし、同条に第１項として次の１項を加える。

××・・・・・・・・・・・・。

×第10条第1項中「前条第2項」を「前条第3項本文」に改め、同項第1号イ中「保護に関する施策を講ずる」を「政策の推進」に改め、同項第2号イを削り、同号ウを同号イとし、同号エ中「保護に関する施策」を「政策」に改め、同号エを同号ウとし、同号中オを削り、カをエとし、キからサまでをオからケまでとする。

×第11条から第13条までを次のように改める。

第11条から第13条まで　削除

×××附　則

×この条例は、平成○年○月○日から施行する。

解説

1　題名を改正する場合は、題名だけの改正規定で完結させる。これは、条と同じような構成の基本単位であるからで、条が基本的に改正規定の単位になっているのと同様である。題名の一部を改正する場合はその語句をかぎ括弧で引用して行う。題名の全部を改める場合は「題名を次のように改める」として、新たな題名を4字目から規定する。（⇒§2.1.1）

2　第1条と第2条第1項の改正は、共通の語句のみを改める内容だから、二つの条項を「及び」でつないで改める。（⇒§2.2.2）

3　第3条は2号構成で、第1号は、アイウエで構成され、そのうちアとウはさらに（ア）（イ）（ウ）で構成される。これらには呼称がないため、簡略に指し示し難い。

（1）　アイウでは、イを削ってウ・エを繰り上げ、末尾に新たなエを加える。

（2）　ア中の（ア）（イ）（ウ）では、語句を改めながらこれらを繰り下げ、かつ、新たな（イ）を加え、ウ中ではその柱書き中の語句を改め、（ア）を削り、（イ）以降を繰り上げる内容である。これらの特定は個別に明確にしなければならない。

4　第4条の改正は、実質的には削る内容であるが、いわば形骸を残すものとする。こうすることによって後続する条の整理が原則的に不要（少なくとも移動が不要）となり、他の条例の整理も同様に限定的になる。（⇒§3.1.3）

5　第5条の改正は、第4条（前条）を削除としたことによる（内容的な）整理である。加えていえば、「法」を改めるのも、これ以前の規定に存在した「地方自治法を単に「法」という」とする部分が削られたことによる整理である。

6　第7条と第8条の改正は、4と同様であるが、二つの条であること、第7条の前の見出しは共通見出しであることが異なる。共通見出しは形骸として残すわけにはいかない

ので、「削る」とする必要がある。

7　第9条の改正は、3項構成のうち、新第1項を加える、第2項にただし書を加える、新第4項を加える、これらを移動する、を内容とするので3段階に区切られる。末尾の項から順次遡って改正を行う。

　なお、第9条第2「項に次のただし書を加え、同項を同条第3項とする」とすることも可能である。この場合、次の改正規定は「第9条第3項の次に次の1項を加える」となる。

8　第10条第1項の各号列記以外の部分に改正があるが、第9条の新第3項にただし書が加えられたことに伴い、規定の内容が「本文」部分だけに関係していることを明示したものである。

9　第10条は、2項構成、第1項は2号構成で、さらに第1号はアイウで、第2号アからサまでで構成される。第1号はイ中の語句の改めだけであるが、第2号はイとオが削られ、エ中の語句の改めをして、これらに伴う移動をすることになる。アイウであっても、イロハと同様に、順番に並ぶと考えられるので、まとまりで移動できるものはそのように扱う。四つ以上は「から・・まで」でまとめられるが、条などのように「3条ずつ繰り上げる」などとは表現できないから、改正例のように「何から何まで」を「何から何まで」とする、とすることになる。なお、「第2号中」として号名を付さずに移動させることが可能である。（⇒§4.7.2）

　なお、第1項の各号列記以外の部分中の改正は、前条（第9条）の新第3項にただし書が加えられたことによる整理であろうが、「本文」が必要かどうかは、内容によるので、これだけでは判断しがたい。形式的に「本文」を入れた整理にしてある。

10　記号は、数の概念はないものの順序はあるものとしているため、移動の際も三つまでは一つずつ移動し、四つ以上は一つを固定し、あとは「何から何まで」とくくって移動する。

11　第11条から第13条までは、連続する三つの条を「削除」とする改正である。「第11条から第13条まで　削除」とする。（⇒§3.1.4）

　なお、本則が第14条までで、第14条が残るだけなので、第11条から第13条までを削って、第14条を第11条とする方が適当と思われる。

次の条例について、見え消しの内容により改正を行いたい。
下記事項に留意して、どのような一部改正条例を作成するか。

1　消し線のみは「削る」、消し線に誘引があるものは「改める」、矢印の誘引は「加える」「付する」を示す。
2　条、項、号の移動に伴う引用条文の整理も行う。
（以下、設問⑫まで同じ）

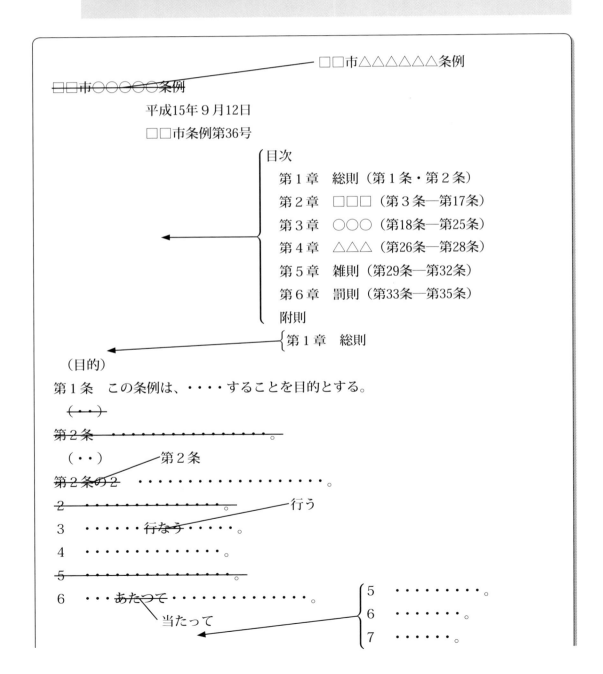

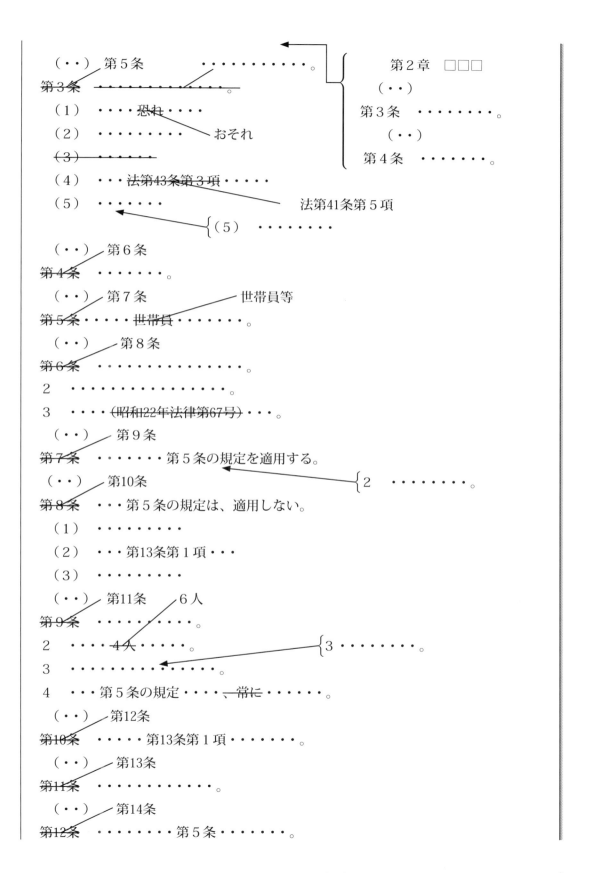

設問10 改正内容概略（見え消しの内容）による改正案の作成1

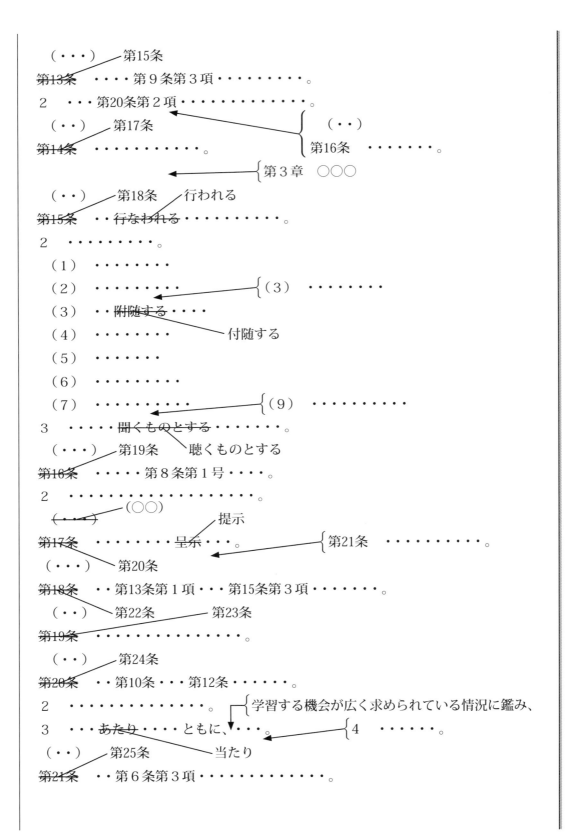

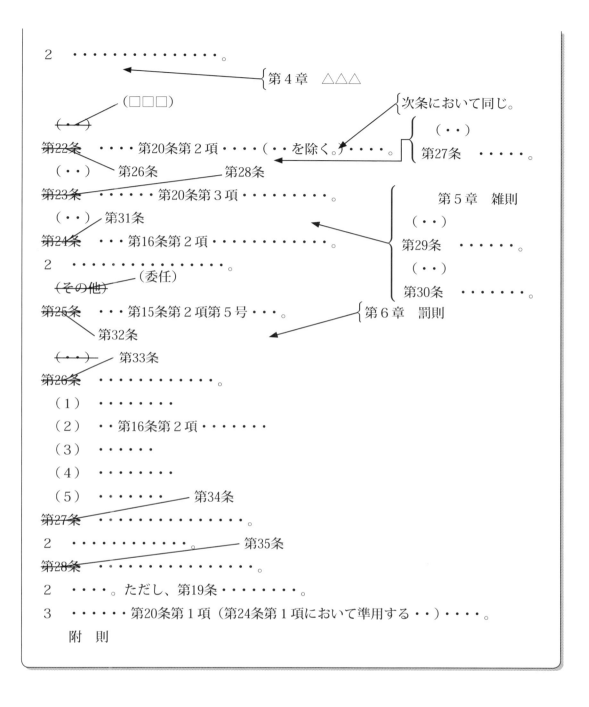

> **改正例**

×××□□市○○○○○条例の一部を改正する条例

×□□市○○○○○条例（平成15年□□市条例第36号）の一部を次のように改正する。

×題名を次のように改める。

×××□□市△△△△△△条例

×題名の次に次の目次及び章名を付する。

目次

×第1章　総則（第1条・第2条）

×第2章　□□□（第3条─第17条）

×第3章　○○○（第18条─第25条）

×第4章　△△△（第26条─第28条）

×第5章　雑則（第29条─第32条）

×第6章　罰則（第33条─第35条）

×附則

×××第1章　総則

×第2条を削る。

×第2条の2第2項を削り、同条第3項中「行なう」を「行う」に改め、同項を同条第2項とし、同条第4項を同条第3項とし、同条第5項を削り、同条第6項中「あたつて」を「当たって」に改め、同項を同条第4項とし、同条に次の3項を加える。

5　・・・・・・・・。

6　・・・・・・・。

7　・・・・・・。

×第2条の2を第2条とする。

×第28条第2項ただし書中「第19条」を「第23条」に改め、同条第3項中「第20条第1項（第24条第1項」を「第24条第1項（第31条第1項」に改め、同条を第35条とする。

×第27条を第34条とする。

×第26条の前の見出しを削り、同条第2号中「第16条第2項」を「第19条第2項」に改め、同条を第33条とする。

×第25条の見出しを「（委任）」に改め、同条中「第15条第2項第5号」を「第18条第2項第6号」に改め、同条を第32条とし、同条の次に次の章名を付する。

×××第６章　罰則

×第24条第１項中「第16条第２項」を「第19条第２項」に改め、同条を第31条とする。

×第23条中「第20条第３項」を「第24条第３項」に改め、同条を第28条とし、同条の次に次の章名及び２条を加える。

×××第５章　雑則

×（・・）

第29条　・・・・・・。

×（・・）

第30条　・・・・・・・。

×第22条の見出しを「（□□□）」に改め、同条中「第20条第２項」を「第24条第２項」に改め、「除く」の次に「。次条において同じ」を加え、同条を第26条とし、同条の次に次の１条を加える。

×（・・）

第27条　・・・・・。

×第21条第１項中「第６条第３項」を「第８条第３項」に改め、同条を第25条とし、同条の次に次の章名を付する。

×××第４章　△△△

×第20条第１項中「第10条」を「第12条」に、「第12条」を「第14条」に改め、同条第３項中「あたり」を「当たり」に改め、「ともに」の次に「、学習する機会が広く求められている情況に鑑み」を加え、同条に次の１項を加える。

　４　・・・・・・・・・・。

×第20条を第24条とし、第19条を第23条とする。

×第18条中「第13条第１項」を「第15条第１項」に、「第15条第３項」を「第18条第３項」に改め、同条を第22条とする。

×第17条の見出しを削り、同条中「呈示」を「提示」に改め、同条を第20条とし、同条の前に見出しとして「（○○）」を付し、同条の次に次の１条を加える。

第21条　・・・・・・・・・。

×第16条第１項中「第８条第１号」を「第10条第１号」に改め、同条を第19条とする。

×第15条第１項中「行なわれる」を「行われる」に改め、同条第２項中第７号を第８号とし、第４号から第６号までを１号ずつ繰り下げ、同項第３号中「附随する」を「付随する」に改め、同号を同項第４号とし、同項第２号の次に次の１号を加える。

×（３）　・・・・・・・

×第15条第２項に次の１号を加える。

×（9）・・・・・・・・・

×第15条第3項中「聞くものとする」を「聴くものとする」に改め、同条を第18条とする。

×第14条を第17条とし、同条の次に次の章名を付する。

×××第3章　○○○

×第13条第1項中「第9条第3項」を「第11条第4項」に改め、同条第2項中「第20条第2項」を「第24条第2項」に改め、同条を第15条とし、同条の次に次の1条を加える。

×（・・）

第16条　・・・・・・・。

×第12条中「第5条」を「第7条」に改め、同条を第14条とし、第11条を第13条とする。

×第10条中「第13条第1項」を「第15条第1項」に改め、同条を第12条とする。

×第9条第2項中「4人」を「6人」に改め、同条第4項中「第5条」を「第7条」に改め、「、常に」を削り、同項を同条第5項とし、同条第3項を同条第4項とし、同条第2項の次に次の1項を加え、同条を第11条とする。

3　・・・・・・・・・・・。

×第8条中「第5条」を「第7条」に改め、同条第2号中「第13条第1項」を「第15条第1項」に改め、同条を第10条とする。

×第7条中「第5条」を「第7条」に改め、同条に次の1項を加え、同条を第9条とする。

2　・・・・・・・・。

×第6条第3項中「（昭和22年法律第67号）」を削り、同条を第8条とする。

×第5条中「世帯員」を「世帯員等」に改め、同条を第7条とし、第4条を第6条とする。

×第3条各号列記以外の部分を次のように改める。

××・・・・・・・・・・。

×第3条第1号中「恐れ」を「おそれ」に改め、同条第3号を削り、同条第4号中「法第43条第3項」を「法第41条第5項」に改め、同号を同条第3号とし、同条第5号を同条第4号とし、同条に次の1号を加える。

×（5）・・・・・・・・

×第3条を第5条とし、同条の前に次の章名及び2条を加える。

×××第2章　□□□

×（・・）

```
第3条　・・・・・・・・。
×（・・）
第4条　・・・・・・・。
×××附　則　[略]
```

解説

1　題名の全部を改正するのも、通常の構成単位の全部を改める方式と同様である。新しい題名を4字目から置く。（⇒§3.1.6）

2　新たに章節等を設けるので、これに応じた目次を題名の次に置く。したがって、題名の改正の次に、「目次を付する」改正を置く。新たに付する目次は、「目次」を1字目、章名は2字目、節名が3字目、款名が4字目、目名が5字目となる。これらの最小単位にそこに帰属する該当条名を（　）で示す。2条からなる場合は、例えば「（第3条・第4条）」と、3条以上の場合は「（第3条―第9条）」などとする。最後の「附則」は章名と同じ2字目であるが、該当条名は付けない。（⇒§3.2.18）

3　目次を付するのと同時に、第1章の章名を付するので、これは合わせて規定する。「題名の次に次の目次及び章名を付する」とし、目次に続けて第1章の章名を4字目から置く。（⇒§3.2.18）

4　第2条の2は、直前の第2条が削られたため、繰り上げて枝番号を整理したものである。第2条がなくなったのに第2条の2があるのは不自然と考えられているので、このような整理を行う。

5　条の繰下げをするので、本則末尾の条から順次改正を行うことになる。第26条から第28条までは罰則を規定したもので、第26条の前に置かれている共通見出しで「（罰則）」としている。これを罰則の章にまとめるので、共通見出しは不要になり、各条にも見出しを付さないことになる。第28条を第35条とし、第27条を第34条とし、第26条を第33条とする。第26条の前の共通見出しを削る。

　　なお、通常であれば、条を繰り下げるので、最後の条がどこに帰属するかを明確にする必要があるが、ここは本則末尾なので、不要とされる。附則まで条名が継続している場合には、「本則中第28条を第35条とする」などの表示をするが、このような例はまれであろう。

6　ここでも改正に伴う引用条文の整理が必要となる。条名の移動がどのようになるか確認しつつ、個々の条について引用される条名・項番号などを改める。以下同様。

7　罰則の章名「第6章　罰則」は、第25条を第32条とする改正規定に続けて改正後の第32条の「次に次の章名を付する」として、4字目から置く。新たな規定を加える場合、ある条の「次に」加える、とするのが原則である。ここでも、改正後の第32条を「同条」と受けて、その「次に」「付する」とする。

　　ただし、ある条の「前に」加える、付するとすることも可能ではある。この場合には、「第26条を第33条とし、同条の前に次の章名を付する」とすることになる。このようにするのは、「次に」が使いにくい場合が多いが、それ以外でも使われることがある。要は場所が明確になることであるので、例えば「第33条の前に付する」とすると、改正前の第33条か（ここでは存在しないが）、改正後の第33条か、不明確になって不適とされるが、（改正後の）第33条とした、これを「同条」として受けて、その前とするならばよろしいとなるだろう。「次に」の場合でも同じようなことは起こるので、「同条」などで受けて、場所が明確になるようにしなければならない。

　　なお、第25条の見出しを改めるのは、これだけでは分かりにくいが、同条が雑則的な規定の最後に置かれていて、その内容が「この条例の施行に関し必要な事項は規則で定める」などであれば、その見出しとしては「（委任）」あるいは「（規則への委任）」などが適当だろうという推測は成り立ち、こういった観点から整理したものと解される。

8　第24条を第31条とし、第23条を、飛んで第28条とする。この間に第5章の章名と第29条・第30条を加えるからである。これによって第5章は第29条から第32条までとなる。7と同様に、第28条としたところで「同条」で受け、その「次に」章名と2条を加える、とする。厳密に言えば、章名は「付する」であり、条は「加える」であるが、両方を一緒にする場合には「加える」とする扱いである。（⇒§3.2.21）

9　第22条を第26条とし、同条の次に第27条を加え、第21条を第25条として、その次に第4章の章名を付する。この結果、第4章は第26条からとなる。

10　旧第22条には、句点を伴った語句の追加があり、旧第20条第3項には、読点を伴った語句の追加がある。原則として、句点や読点は、新たに語句を加えることによって付されると考えるので、加える語句の冒頭に置く。読点や句点を伴う語句を削る場合も同様である。

11　第17条の改正は、同条を第20条とし、その次に見出しの付されていない第21条を追加するので、第17条の前の見出しは共通見出しとなる。見出しと共通見出しは異なるので、まず第17条の見出しを削り、これを第20条とし、改めて同条の前に見出しとして「（○○）」を付し（共通見出し）、次いで同条の次に（見出しを持たない）新第21条を加える、とする。旧第17条の見出しと新第20条の前の見出しが同一であっても、このように改正する必要がある。（⇒§3.2.29）

12　第6条第3項中法律番号を削る改正は、この条より前において、既にこの法律番号を

146　演習編

付する改正を行っていることによる整理である。どこで行っているかは不明である。

13　第3条は、各号列記以外の部分が全部改正される内容である。各号列記以外の部分を「次のように改める」として改行のうえ、3字目から条文のみを置く。（⇒§3.1.15）

14　第3条を第5条とした後、「同条の前に次の章名及び2条を加える」として、第2章の章名並びに新第3条及び新第4条を追加する。ここで、「第2条の次に・・・加える」とすると、既に旧第2条を削って旧第2条の2を新第2条としているので、単に「第2条」とすると、どれを意味するのか不明確になる。したがって、移動後の条を「同条」として受けられる新第5条の前に加えることになる（前述7を参照のこと）。

次の条例について、見え消しの内容により改正を行いたい。
どのような一部改正条例を作成するか。

```
                        △△△
　○○市○○○条例
            平成15年6月23日
            ○○市条例第25号
目次
　第1章　総則（第1条―第5条）
　第2章　□□□（第6条―第10条）
　第3章　△△△（第11条―第14条）
　第4章　雑則（第15条―第21条）
　第5章　罰則（第22条―第24条）
　附則
                                （本則の改正に対応して目次を改める）

    第1章　総則
　（‥）
第1条　‥‥基き‥‥‥‥こと‥‥‥‥。
　（‥）         　基づき                    こと等
第2条　‥‥‥基き‥‥‥‥‥‥こと‥‥。
　（‥）
第3条　‥‥‥‥‥‥‥‥。
　（‥）               鑑み
第4条　‥‥‥かんがみ‥‥‥‥。
　2　‥‥‥‥‥‥‥‥‥‥‥。
　（‥）              剥奪し
第5条　‥‥‥はく奪し‥‥‥。｛2　‥‥‥‥‥。
　2　‥‥‥‥‥‥。　前2項　｛5　‥‥‥‥。
　3　前項‥‥‥‥‥。       ｛6　‥‥‥‥。
        第2章　□□□
　（△△）                    ｛その職を退いた後も、同様とする。
第6条　‥‥‥‥‥。
　（‥）
```

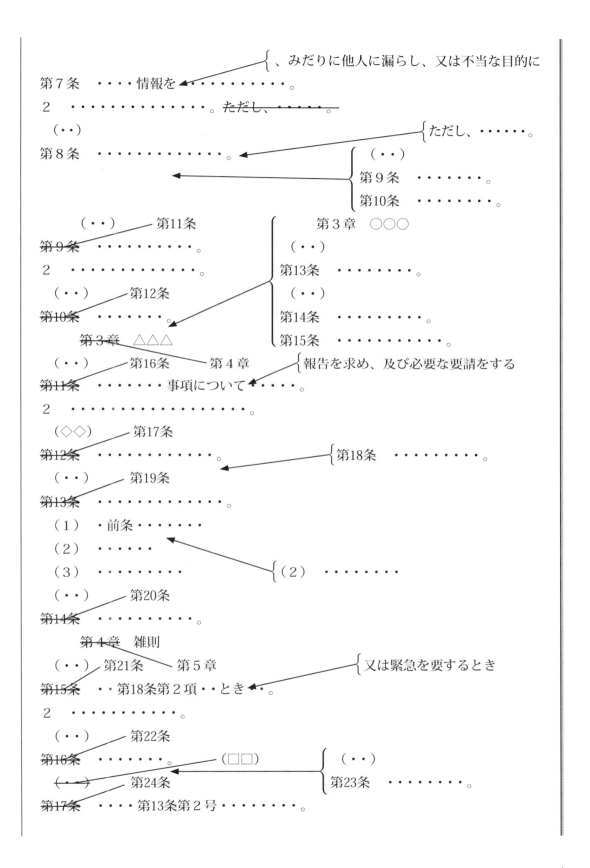

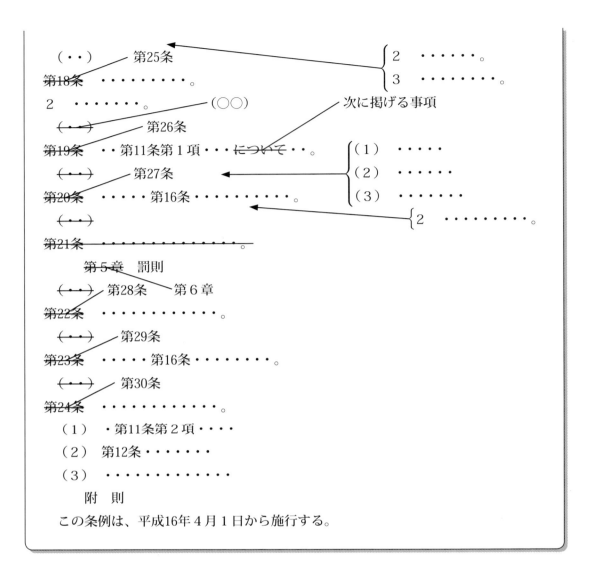

> ## 改正例

×××○○市○○○条例の一部を改正する条例

×○○市○○○条例（平成15年○○市条例第25号）の一部を次のように改正する。

×題名を次のように改める。

×××○○市△△△条例

×目次中「第10条」を「第12条」に、「第３章　△△△（第11条―第14条）」を「第３章　○○○（第13条―第15条）　第４章　△△△（第16条―第20条）」に、「第４章」を「第５章」に、「（第15条―第21条）」を「（第21条―第27条）」に、「第５章」を「第６章」に、「（第22条―第24条）」を「（第28条―第30条）」に改める。

×第１条及び第２条中「基き」を「基づき」に、「こと」を「こと等」に改める。

×第４条第１項中「かんがみ」を「鑑み」に改める。

×第５条第１項中「はく奪し」を「剥奪し」に改め、同条第３項中「前項」を「前２項」に改め、同項を同条第４項とし、同条第２項を同条第３項とし、同条第１項の次に次の１項を加える。

２　・・・・・・・・。

×第５条に次の２項を加える。

５　・・・・・・・・・・・。

６　・・・・・・・・・・・・・。

×第６条の見出しを削り、同条の前に見出しとして「（△△）」を付し、同条に後段として次のように加える。

××その職を退いた後も、同様とする。

×第７条の見出しを削り、同条第１項中「情報を」の次に「、みだりに他人に漏らし、又は不当な目的に」を加え、同条第２項ただし書を削る。

×第８条に次のただし書を加える。

××ただし、・・・・・・。

×第24条の見出しを削り、同条第１号中「第11条第２項」を「第16条第２項」に改め、同条第２号中「第12条」を「第17条」に改め、同条を第30条とする。

×第23条の見出しを削り、同条中「第16条」を「第22条」に改め、同条を第29条とする。

×第22条の見出しを削り、同条を第28条とする。

×第５章を第６章とする。

×第21条を削る。

×第20条の見出しを削り、同条中「第16条」を「第22条」に改め、同条に次の1項を加える。

　2　・・・・・・・・。

×第4章中第20条を第27条とする。

×第19条の見出しを削り、同条中「第11条第1項」を「第16条第1項」に、「について」を「次に掲げる事項」に改め、同条に次の各号を加える。

×（1）・・・・・

×（2）・・・・・・

×（3）・・・・・・・

×第19条を第26条とし、同条の前に見出しとして「（○○）」を付する。

×第18条を第25条とする。

×第17条の見出しを「（□□）」に改め、同条中「第13条第2号」を「第19条第3号」に改め、同条を第24条とする。

×第16条を第22条とし、同条の次に次の1条を加える。

×（・・）

第23条　・・・・・・・・。

×第15条第1項中「第18条第2項」を「第25条第2項」に改め、「とき」の次に「又は緊急を要するとき」を加え、同条を第21条とする。

×第4章を第5章とする。

×第3章中第14条を第20条とする。

×第13条第1号中「前条」を「第17条」に改め、同条中第3号を第4号とし、第2号を第3号とし、第1号の次に次の1号を加え、同条を第19条とする。

×（2）・・・・・・・・

×第12条の見出しを削り、同条を第17条とし、同条の前に見出しとして「（◇◇）」を付し、同条の次に次の1条を加える。

第18条　・・・・・・・・。

×第11条第1項中「事項について」の次に「報告を求め、及び必要な要請をする」を加え、同条を第16条とする。

×第3章を第4章とする。

×第2章中第10条を第12条とし、同章の次に次の1章を加える。

×××第3章　○○○

×（・・）

第13条　・・・・・・・・。

×（・・）

第14条　・・・・・・・・・。

第15条　・・・・・・・・・・。

×第９条を第11条とし、第８条の次に次の見出し及び２条を加える。

×（・・）

第９条　・・・・・・・。

第10条　・・・・・・・。

×××附　　則

×（施行期日）

1　この条例は、平成○年○月○日から施行する。

〔以下　略〕

解説

1　題名の全部を改めるのは定型どおり。目次の改正も必要部分のみ引用して本則の改正に対応させる。

2　第１条以下、語句を改める改正が多いが、大部分は表記の問題である。法令における漢字使用や送り仮名の用い方の準則にのっとって、原則として何らかの改正を行う条項単位で、その中に該当する語句などがあれば、併せて改正を行うとされている（平成22年11月30日の常用漢字の変更に伴う「法令における漢字使用等について」（平成22年11月30日内閣法制局総総第208号）参照）。

3　第６条の改正では、同条の見出しが、直後の第７条の見出しが削られる結果、共通見出しになると解されるため、第６条の通常の見出しを削り、新たに第６条の前に（共通）見出しを付するとする。（⇒§３.２.29）

4　旧第22条から第24条までは、旧第５章で罰則の章に属していた。一般的には、罰則の章の中で各条に見出しを付するとすると「（罰則）」となってこれが続くので、見出しは付さないことになる。ここでは、旧第22条から第24条までに付されていた見出しがどのようなものか不明であるが、不要と判断してこの際これらを削るとしたものだろう。

5　旧第20条の見出しを削り、これを第４章中第27条とし、さらに旧第19条の見出しを削り、これを第26条とし、次いで同条の前に（共通）見出しを付する。旧第19条の見出しが、第19条（新第26条）の前の（共通）見出しとなるための改正である。（⇒§３.２.29）

6　章を移動させる場合は、その章に帰属する条項の必要な全ての改正をしてから最後に

設問11　改正内容概略（見え消しの内容）による改正案の作成２　153

章を移動する。これは、個々の条に改正を加えている間は、これらの条項はこれまでの章に帰属しているものとして扱い、これらの改正が全て終了したところで、章を移動する、ということである。ここでは、旧第20条を新第27条とする際に、これを「第4章中」と特定することによって新第27条が第4章の末尾に位置付けられることになり、旧第15条の改正を行って新第21条としたところでこの章の改正を終え（新第21条がこの章の冒頭である）、次に「第4章を第5章とする」として移動させることになる（第3章についても同じ）。

7　旧第13条は新第19条となるが、その第1号中の「前条」は、旧第12条を意味するが、これは新第17条となるため、改正後は「前条」ではなくなる。したがって、これを「第17条」として整理する必要がある。

8　旧第12条は新第17条とするが、その見出しは、通常の見出しであったところ、見出しのない新第18条が追加されるため、新第17条の前の（共通）見出しとなる。このため、旧第12条の見出しを削り、移動後の新第17条の前に新たに共通見出しを付することになる。

9　新第3章を加えるには、これを第2章の末尾の次に置かなければならない。第2章の末尾は旧第10条であり、これは新第12条として繰り下げる。そこで、「第2章中」で繰り下げるとして、新第12条が第2章の末尾であることを明示し、これに次いで、新たな第3章全体を追加するため、「同章の次に次の1章を加える」と規定する。なお、このような改正が普通であるが、ここは「第2章中第10条を第12条とする」で改行し、「第2章の次に次の1章を加える」としてもよい。第2章自体は移動の対象になっていないから、「第2章」で特定することができる。

10　第8条の次に共通見出しと2条を追加する改正は、加えられるそれぞれの条に見出しが付されていれば「次の2条を加える」と規定するが、共通見出しであるので、これは条からは独立して別個に扱うとされているため、「次の見出し及び2条を加える」とする。
　　（⇒§4.3.5）

次の条例について、見え消しの内容により改正を行いたい。
どのような一部改正条例を作成するか。

　　　　　　○○市○○○○○条例（平成14年６月18日○○市条例第15号）
目次
　第１章　総則（第１条・第２条）
　第２章　□□□（第３条―第９条）
　第３章　保護に関する施策等
　　第１節　○○○（第10条・第11条）
　　第２節　△△○（第12条・第13条）
　第４章　△△△△
　　第１節　□□（第14条・第15条）
　　第２節　△○△（第16条・第17条）
　　第３節　○△○（第18条・第19条）
　第５章　雑則（第20条―第26条）
　第６章　罰則（第27条・第28条）
附則

　　　　　　　　　（以下の本則の改正に対応した目次の改正を行うこと）
　　　第１章　総則
（‥）　　　　　　　　　　行い
第１条　‥‥‥‥‥‥行ない‥‥‥。
（‥）　　　　　　　　行われる
第２条　‥行なわれる‥‥‥。　　　　　　　　　　　　　取り消され、
２　‥若しくは‥第６条において‥取り消され、若しくは‥‥‥。
３　‥‥附随する‥‥‥‥‥‥。
　　　第２章　□□□　　付随する
（‥）　　　　　　行う　　　　　　聴かなければ
第３条　‥‥‥行なう‥‥‥聞かなければ‥‥‥。
　　（‥）　（□□）　　　　　　　　若しくはこれらの支所又はこれらの出張所
第４条　‥‥‥‥又はその支所若しくは出張所‥‥。ただし、‥‥‥。
２　‥‥‥‥‥‥‥‥。
第５条　‥‥‥‥‥。

（・・・）

第6条　・・・・・・・・・・・・・・。

（・・）　第6条

第7条　・・・計画を変更しようとする場合・・・・・・・・。

（○○）　第7条　　第8条

第8条　・・・・・・・・・。　　　　これらに

第9条　・・・・これに・・・・・・・・・。　　基本的施策

　　　　第3章　保護に関する施策等

　　　　　　第1節　○○○

（・・・）　第9条

第10条　・・・・・・・第8条・・・・・。

（1）　・・・・第9条・・・・・・・・・

（2）・・・・・・・・・・・・・・・　　　（3）・・・・・・・

（3）　・・前号・・・・・・・・・

2　・・・・・・・・・・・・・。

（・・）　第10条　　　証明書

第11条　・・証票・・・・・・・・・・・・・・・。　　宛先

2　・・・・・・・あて先・・・・・・・・。

　　　　　　第2節　△△○

（・・・）第11条　全て　　あっせん　　おそれ

第12条　・・・・・・あっ旋・・・・・・・・・・・・。

2　・・・すべて・・・・・・恐れ・・・・・・・。

3　・・・・・・・・・・・・。　　行う　　関わる

4　・・行なう・・・・かかわる・・・・。

5　・・・・・・第10条第1項第3号・・・・・・・・・。

6　・・・・・・・・・・・・。

7　・・・・・・・・・・・・。

8　・・第5項・・・・呈示しなければ・・・・・・。　　　提示しなければ

（・・）　第12条

第13条　・・・・・・・・・・・・・。　　☆☆☆☆

　　　　第4章　△△△△

　　　　　第1節　□□

（・・）

156 演習編

　　　　　　　第13条　　　　　　　　　　　　　　　　　　講ずべき
第14条　　・・第12条第４項・・第20条に規定する・・・とるべき・・・。

　（・・・）　　　第14条
第15条　　・・・・・（・・・を除く。第22条において同じ。）・・・・・・・。

　　　　　　第２節　　△○△

　（・・・）
第16条　　・・・・・・・・・・・・・・・・・・・・・・・・・・・・。

　（・・・）
第17条　　・・・・・・・・・・・・・・・・・・・・・・・・・・。

　　　　　　第３節　　○△○

　（・・・）
第18条　　・・・・・・・・・・・・・・・・・・・・・・・・・・。

　（・・・）
第19条　　・・・・・・・・・・・・・・・・・・・・・・・・・・・・。

　　　　　　第５章　　雑則

　（・・・）
第20条　　・・・・・・・・・・・・・・・・・・・・・・・・・・。

　（▽▽）　　　第15条　　　　　　　　行われる　　　　　　聴かなければ
第21条　　・・・第12条第５項・・・・・・・・・。

第22条　　・・・・・行なわれる・・・及び通知・・聞かなければ・・。

　（・・）　第16条　　　第17条　　　　　において準用する
第23条　　・・・・・・・で準用する。　　　この場合において、・・・・・・。

　（・・・）　　　第18条
第24条　　・・・・・・・・・・・。

　（・・）　　　第19条　　　　　　必要な情報交換を行うことにより
第25条　　・・・次の各号のいずれかに該当する・・・・。　　　ただし、・・・・。

　（1）　・・・・・・・

　（2）　・・・・・・・

　（3）　・・・・・・・

　（・・・）　　　第20条
第26条　　・・・・・・・その公示又は・・・・・・・・。

　　　　　　第６章　　罰則　　　　第21条
第27条　　・・・・・・・・・・。

~~第28条~~　・・・・・・~~2万円~~・・・・・。
　　　　第22条　　　　　5

　　　　附　則
　この条例は、平成15年4月1日から施行する。

改正例

×××○○市○○○○○条例の一部を改正する条例
×○○市○○○○○条例（平成14年○○市条例第15号）の一部を次のように改正する。
×目次中「第9条」を「第8条」に、「第3章　保護に関する施策等」を「第3章　基本的施策」に、「（第10条・第11条）」を「（第9条・第10条）」に、「（第12条・第13条）」を「（第11条・第12条）」に、

「第4章　　△△△△
第1節　□□（第14条・第15条）
第2節　△○△（第16条・第17条）
第3節　○△○（第18条・第19条）
第5章　雑則（第20条－第26条）
第6章　罰則（第27条・第28条）　　」

を

「第4章
第5章
第6章

☆☆☆☆（第13条・第14条）
雑則（第15条－第20条）
罰則（第21条・第22条）　　」

に改める。
×第1条中「行ない」を「行い」に改める。
×第2条第1項中「行なわれる」を「行われる」に改め、同条第2項中「第6条において」を削り、「取り消され、若しくは」を「取り消され、」に改め、同条第3項中「附随する」を「付随する」に改める。
×第3条中「行なう」を「行う」に、「聞かなければ」を「聴かなければ」に改める。
×第4条の前の見出しを「（□□）」に改め、同条第1項中「又はその支所若しくは出張所」を「若しくはこれらの支所又はこれらの出張所」に改め、同項ただし書を削る。
×第6条を削る。
×第7条中「計画を変更しようとする場合」を削り、同条を第6条とする。
×第8条の前の見出しを削り、同条を第7条とし、同条の前に見出しとして「（○○）」

を付する。

×第9条中「これに」を「これらに」に改め、同条を第8条とする。

×「第3章　保護に関する施策等」を「第3章　基本的施策」に改める。

×第10条第1項中「第8条」を「第7条」に改め、同項第1号中「第9条」を「前条」に改め、同項第3号中「前号」を「第2号」に改め、同号を同項第4号とし、同項第2号の次に次の1号を加え、第3章第1節中同条を第9条とする。

×（3）・・・・・・・

×第11条第1項中「証票」を「証明書」に改め、同条第2項中「あて先」を「宛先」に改め、同条に次の1項を加え、同条を第10条とする。

3　・・・・・・・・・・・・・・。

×第12条第1項中「あっ旋」を「あっせん」に改め、同条第2項中「すべて」を「全て」に、「恐れ」を「おそれ」に改め、同条第3項を削り、同条第4項中「行なう」を「行う」に、「かかわる」を「関わる」に改め、同項を同条第3項とし、同条第5項中「第10条第1項第3号」を「第9条第1項第4号」に改め、同項を同条第4項とし、同条第6項及び第7項を削り、同条第8項中「第5項」を「前項」に、「呈示しなければ」を「提示しなければ」に改め、同項を同条第5項とし、第3章第2節中同条を第11条とする。

×第13条を第12条とする。

×第4章の章名を次のように改める。

×××第4章　☆☆☆☆

×第4章第1節の節名を削る。

×第14条中「第12条第4項」を「第11条第3項」に改め、「第20条に規定する」を削り、「とるべき」を「講ずべき」に改め、第4章中同条を第13条とする。

×第15条中「第22条」を「第16条」に改め、同条を第14条とする。

×第4章第2節及び第3節を削る。

×第20条を削る。

×第21条の前の見出しを削り、同条中「第12条第5項」を「第11条第4項」に改め、第5章中同条を第15条とし、同条の前に見出しとして「（▽▽）」を付する。

×第22条中「行なわれる」を「行われる」に改め、「及び通知」を削り、「聞かなければ」を「聴かなければ」に改め、同条を第16条とする。

×第23条中「で準用する」を「において準用する」に改め、同条に後段として次のように加え、同条を第17条とする。

××この場合において、・・・・。

×第24条を第18条とする。

×第25条中「次の各号のいずれかに該当する」を「必要な情報交換を行うことにより」に改め、同条に次のただし書を加える。

××ただし、・・・・。

×第25条各号を削り、同条を第19条とする。

×第26条中「公示又は」を削り、同条を第20条とする。

×第6章中第27条を第21条とする。

×第28条中「2万円」を「5万円」に改め、同条を第22条とする。

×××附　則

×（施行期日）

1　この条例は、平成○年○月○日から施行する。

　〔以下　略〕

解説

1　目次が大幅に変わる場合は、全部改正の方式をとってもよいが、全部で6章5節あるうち変わっているのは二つの章名（第3章及び第4章）と第4章の節名が削られることと括弧内の条の範囲だけである。名称の大半は変化していないため、一部改正の形を採用した。

2　第4条の前の見出しは、共通見出しである。共通見出しの内容が変わるだけの場合は、「第4条の前の見出し」と特定して、これを全部改正する。（⇒§3.1.12）

3　第8条の前の見出しも共通見出しである。直後の第8条が第7条に移動するので、これに応じて共通見出しも条とは別に移動させなければならないが、端的に移動させる手段がないので、旧第8条の前の見出しを一旦削り、旧第8条を新第7条とし、同条の前に改めて（共通）見出しを付する、という手順をとる。共通見出しの内容が全く同じでも、このような改正を行う。（⇒§4.3.1）

4　章名の全部改正は、「　」で引用して改める方法（第3章の例）と、「章名を次のように改める」とする方法（第4章の例）とがある。どちらでもよいこととされている。

5　第10条の改正の前半は、条項号の移動に伴う整理である。なお、第1項第1号中「第9条」とあるのは本来「前条」であるべきところが整理されていなかったもので、ここは「第8条」とするのではなく本来の「前条」にしている。第1項第3号（新第4号）に「前号」とあるのは、新第3号が追加されるため「第2号」としなくてはならない。

　　第10条は、「第3章第1節中同条を第9条とする」として繰り上げる。これによって、

新第9条は、第3章第1節の冒頭に位置付けられることになる。章・節等の冒頭の条を移動する際にはその条がどの章・節等に帰属するか「〜中」として明示するのが原則である。

6　第4章は、第2節及び第3節を削るので、第1節だけ残すことはできず、第1節の節名も削ることになる。したがって、節による構成がなくなる。なお、第1節の節名を削る部分は、「第1節　□□」を削る、としてもよい。

7　第20条を削り、第21条を新第15条とするが、旧第20条は第5章の冒頭に位置していたため、新第15条が第5章の冒頭に来る。この帰属関係を明示するため、「第5章中第21条を第15条とする」とする。第21条には改正があるため、改正後、条を移動する際に「第5章中」とする。第27条を新第21条とする場合も同じである（第6章中）。

次に掲げる条例の一部改正の内容の箇条書に基づいて、一部改正条例案を作成すること（箇条書中の　→　は、改正の内容又は移動を表す）。

◎　○○市人権プラザ条例の一部改正の内容
第1条　「○○市人権プラザ」　→　「(以下「プラザ」という。)」　を追加
第1条の2　→　削る
第2条　→　全改
　　（事業）
　第2条　プラザは、前条の目的を達成するため、次の人権に関する事業を行う。
　　（1）　普及啓発に関すること。
　　（2）　情報の収集及び提供並びに資料の収集、保管及び提供に関すること。
　　（3）　相談に関すること。
　　（4）　指導者の育成に関すること。
　　（5）　前各号に掲げるもののほか、目的を達成するために必要な事業
第3条　「別表第1」　→　「次」に改め
　　　　→　各号を追加
　　　　　（1）　日曜日
　　　　　（2）　1月1日から同月3日まで
　　　　　（3）　12月29日から同月31日まで
第4条〜第9条　→　削る
第10条　→　「又は使用者」を削る
　　　　→　第4条へ
第11条・第12条　→　削る
第13条　第1項第1号　「第2条の表」　→　「第2条各号」に改め
　　　　第2項　→　削る
　　　　→　第5条へ
第14条　第2項第1号　「前条第1項各号」　→　「前条各号」に改め
　　　　→　第6条へ
第15条　第3号　「第17条第1項各号」　→　「第9条第1項各号」に改め
　　　　→　第7条へ
第16条　→　第8条へ
第17条　第1項第2号　→　「及び使用者」を削る
　　　　　　　第4号　→　同上
　　　　→　第9条へ

第18条　　→　第10条へ

別表第1　→　削る

別表第2　→　削る

改正例

×××○○市人権プラザ条例の一部を改正する条例案

×第1条中「○○市人権プラザ」の次に「(以下「プラザ」という。)」を加える。

×第1条の2を削る。

×第2条を次のように改める。

×（事業）

第2条　プラザは、前条の目的を達成するため、次の人権に関する事業を行う。

×（1）　普及啓発に関すること。

×（2）　情報の収集及び提供並びに資料の収集、保管及び提供に関すること。

×（3）　相談に関すること。

×（4）　指導者の育成に関すること。

×（5）　前各号に掲げるもののほか、目的を達成するために必要な事業

×第3条中「別表第1」を「次」に改め、同条に次の各号を加える。

×（1）　日曜日

×（2）　1月1日から同月3日まで

×（3）　12月29日から同月31日まで

×第4条から第9条までを削る。

×第10条中「又は使用者」を削り、同条を第4条とする。

×第11条及び第12条を削る。

×第13条第1項第1号中「第2条の表」を「第2条各号」に改め、同条第2項を削り、同条を第5条とする。

×第14条第2項第1号中「前条第1項各号」を「前条各号」に改め、同条を第6条とする。

×第15条第3号中「第17条第1項各号」を「第9条第1項各号」に改め、同条を第7条とする。

×第16条を第8条とする。

×第17条第1項第2号及び第4号中「及び使用者」を削り、同条を第9条とする。

×第18条を第10条とする。

×別表第1及び別表第2を削る。

設問13　改正要綱項目による改正案の作成　163

解説

1　全19条（枝番号の条が１条）と別表が２表からなる条例を、改正して全10条からなる条例に改正する。したがって、第１条の２、第４条から第９条まで並びに第11条及び第12条の９条を削ることになる。条は繰り上がる移動なので、冒頭から順に条を追って改正していくことになる。（⇒§４.１.２）

2　各号を加えるには、単に第３条に加えるとすればよい。

3　移動は特に問題はない。新たな条名を示して、「とする」とすれば足りる。

4　複数の別表を削る場合、「別表第１及び別表第２」と特定する。「別表第１及び第２」ではない。（⇒§６.２.７、§６.２.10）

164　演習編

次の条例について、以下の改正項目による改正をしたい。改正条例案はどのようになるか。また、この改正による改正後の当該条例を示すこと（ただし、改正項目の詳細は省略しているので項目に掲げる事項ごとに規定を設ける形式のみで足りる）。

◎ 改正対象条例
　　国民健康保険財政安定化基金条例（平成28年○○県条例第10号）
（設置）
第1条　国民健康保険の財政の安定化を図るため、国民健康保険法等の一部を改正する法律（平成22年法律第32号）附則第6条第1項の規定に基づき、国民健康保険財政安定化基金（以下「基金」という。）を設置する。
（積立て）
第2条　基金として積み立てる額は、国民健康保険法等の一部を改正する法律（平成22年法律第32号）附則第6条第1項の規定に基づき、繰入金の額と財政安定化基金拠出金に相当する額との合算額を標準として予算で定める。
（管理）
第3条　基金に属する現金は、金融機関への預金その他確実かつ有利な方法により保管しなければならない。
2　基金に属する現金は、必要に応じ、確実かつ有利な有価証券に換えることができる。
（運用益金の処理）
第4条　基金の運用から生ずる収益は、国民健康保険事業会計歳入歳出予算に計上して、基金に繰り入れるものとする。
（処分）
第5条　基金は、第1条の目的を達成するため、その全部又は一部を処分することができる。
（委任）
第6条　この条例に定めるもののほか、この条例の施行について必要な事項は、規則で定める。
　　　附　則
　この条例は、公布の日から施行する。ただし、第5条の規定は、平成28年4月1日から施行する。

改正項目

1　設置　　　　　　　　　　　　　　　　　　　　　　　　　（第１条関係）

　　根拠法令が国民健康保険法（昭和33年法律第192号）第81条の２第１項となることに伴い、設置趣旨をこれに合わせるものとする。

2　基金の積立て　　　　　　　　　　　　　　　　　　　　　（第２条関係）

　　基金として積み立てる額は、繰入金の額と拠出金の総額の３倍に相当する額との合算額を標準として、予算で定めるものとする。

　　前項の拠出金を徴収する場合における基金への積立ては、拠出金を納付する年度において行うものとする。

3　基金の処分　　　　　　　　　　　　　　　　　　　　　　（第５条関係）

　　基金は、法第81条の２第１項第１号に掲げる事業に係る貸付金の貸付け、同項第２号に掲げる事業に係る交付金の交付及び同条第２項の規定による取崩しを行う場合に限り、処分することができるものとする。

4　貸付事業等に関する規定の新設　　　　　　　　（第２章から第４章まで関係）

　　次の事項について新たに定めるものとする。［詳細は省略］

（1）　貸付事業

　　　貸付けの要件及び額、償還方法、償還期限の延期並びに繰上償還について定める。

（2）　交付事業

　　　交付の要件及び額、拠出金、並びに徴収方法及び徴収期限の延期について定める。

（3）　基金の取崩し

　　　取崩しの要件及び額並びに繰入方法及び繰入期限の延期について定める。

5　章建てへの改正　　　　　　　　　　　　　　　　　　　　（目次等関係）

　　以上の改正に伴い、本則を章建てに改めるものとする。

6　処分の特例　　　　　　　　　　　　　　　　　　　　　　（附則関係）

　　処分について特例を定めるものとする。

改正例

×××国民健康保険財政安定化基金条例の一部を改正する条例案

×国民健康保険財政安定化基金条例（平成28年○○県条例第10号）の一部を次のように改正する。

×題名の次に次の目次及び章名を付する。

目次

×第１章　総則（第１条－第５条）

×第２章　貸付事業（第６条－第９条）

×第３章　交付事業（第10条─第12条）

×第４章　基金の取崩し（第13条・第14条）

×第５章　雑則（第15条）

×附則

×××第１章　総則

×第１条中「国民健康保険法等の一部を改正する法律（平成22年法律第32号）附則第６条第１項」を「国民健康保険法（昭和33年法律第192号。以下「法」という。）第81条の２第１項」に改める。

×第２条を次のように改める。

×（積立て）

第２条　基金として積み立てる額は、繰入金の額と拠出金の総額の３倍に相当する
×額との合算額を標準として、予算で定める。

２　前項の拠出金を徴収する場合における基金への積立ては、拠出金を納付する年
×度において行うものとする。

×第５条中「第１条の目的を達成するため」を「法第81条の２第１項第１号に掲げる事業に係る貸付金の貸付け、同項第２号に掲げる事業に係る交付金の交付及び同条第２項の規定による取崩しを行う場合に限り」に改める。

×第６条を第15条とし、第５条の次に次の３章及び章名を加える。

×××第２章　貸付事業

×（貸付けの要件及び額）

第６条　知事は、・・・・・貸し付けるものとする。

×（償還方法）

第７条　前条の貸付けを受けた・・・・償還するものとする。

×（償還期限の延期）

設問14　改正案要綱に基づく改正案と改正後の条例の作成 | 167

第8条　知事は、・・・・・償還期限を延期することができる。

×（繰上償還）

第9条　知事は、・・・・繰り上げて償還させることができる。

2　貸付けを受けた・・・・繰り上げて償還することができる。

×××第3章　交付事業

×（交付の要件及び額）

第10条　知事は、・・・・・算定した額を交付するものとする。

×（拠出金）

第11条　各年度において、・・・・・知事が定める額とする。

×（徴収方法及び徴収期限の延期）

第12条　知事は、拠出金を・・・・徴収するものとする。ただし、・・・徴収期限を延
×期することができる。

×××第4章　基金の取崩し

×（取崩しの要件及び額）

第13条　知事は、・・・・範囲内で基金を取り崩すものとする。

×（繰入方法及び繰入期限の延期）

第14条　基金を取り崩した場合は、・・・・繰り入れるものとする。ただし、・・・・
×繰入期限を延期することができる。

×××第5章　雑則

×附則を附則第1項とし、同項に見出しとして「（施行期日）」を付し、附則に次の
1項を加える。

×（処分の特例）

2　知事は、・・・・・その一部を処分することができる。

×××附　　則

×この条例は、平成30年4月1日から施行する。

参考 改正後の条例

国民健康保険財政安定化基金条例（平成28年○○県条例第10号）

目次

　第1章　総則（第1条－第5条）

　第2章　貸付事業（第6条－第9条）

　第3章　交付事業（第10条―第12条）

　第4章　基金の取崩し（第13条・第14条）

　第5章　雑則（第15条）

　附則

　　第1章　総則

（設置）

第1条　国民健康保険の財政の安定化を図るため、国民健康保険法（昭和33年法律第192号。以下「法」という。）第81条の2第1項の規定に基づき、国民健康保険財政安定化基金（以下「基金」という。）を設置する。

（積立て）

第2条　基金として積み立てる額は、繰入金の額と拠出金の総額の3倍に相当する額との合算額を標準として、予算で定める。

2　前項の拠出金を徴収する場合における基金への積立ては、拠出金を納付する年度において行うものとする。

（管理）

第3条　基金に属する現金は、金融機関への預金その他確実かつ有利な方法により保管しなければならない。

2　基金に属する現金は、必要に応じ、確実かつ有利な有価証券に換えることができる。

（運用益金の処理）

第4条　基金の運用から生ずる収益は、国民健康保険事業会計歳入歳出予算に計上して、基金に繰り入れるものとする。

（処分）

第5条　基金は、法第81条の2第1項第1号に掲げる事業に係る貸付金の貸付け、同項第2号に掲げる事業に係る交付金の交付及び同条第2項の規定による取崩しを行う場合に限りその全部又は一部を処分することができる。

　　第2章　貸付事業

設問14　改正案要綱に基づく改正案と改正後の条例の作成　169

（貸付けの要件及び額）

第6条　知事は、・・・・・貸し付けるものとする。

（償還方法）

第7条　前条の貸付けを受けた・・・・償還するものとする。

（償還期限の延期）

第8条　知事は、・・・・・償還期限を延期することができる。

（繰上償還）

第9条　知事は、・・・・繰り上げて償還させることができる。

2　貸付けを受けた・・・・繰り上げて償還することができる。

第3章　交付事業

（交付の要件及び額）

第10条　知事は、・・・・・算定した額を交付するものとする。

（拠出金）

第11条　各年度において、・・・・・知事が定める額とする。

（徴収方法及び徴収期限の延期）

第12条　知事は、拠出金を・・・・徴収するものとする。ただし、・・・徴収期限を延期することができる。

第4章　基金の取崩し

（取崩しの要件及び額）

第13条　知事は、・・・・範囲内で基金を取り崩すものとする。

（繰入方法及び繰入期限の延期）

第14条　基金を取り崩した場合は、・・・・繰り入れるものとする。ただし、・・・・繰入期限を延期することができる。

第5章　雑則

（委任）

第15条　この条例に定めるもののほか、この条例の施行について必要な事項は、規則で定める。

附　則

（施行期日）

1　この条例は、公布の日から施行する。ただし、第5条の規定は、平成30年4月1日から施行する。

（処分の特例）

2　知事は、・・・・・その一部を処分することができる。

> **解 説**

1　章建てにするので、目次を付する改正を行う。目次に続けて同時に第1章の章名も付することになるので、二つの改正を「及び」で接続する。目次も章名も規定ではなく説明的なものであるところから目次及び第1章の章名を「付する」とする。（⇒§3.2.18）

2　第1条、第2条及び第5条は、語句を改める、又は全部を改めるもので、問題はない。

3　第6条は、第5章の第15条へ繰り下げる。この前に3章が新たに入るからである。本則の末尾になるが、これは特に末尾であることを明記する必要はないとされている。末尾の条を末尾に移動させたに過ぎないからである。

4　第2章から第4章までの3章と第5章の章名を、第5条の次に加える。条でいうと第6条から第14条までとなる。これは一括で加えることになる。

5　附則は1項のみのものであったが、2項にするので、まず附則を附則第1項として、見出しを付する。次に附則に第2項を加える、とすることになる。なお、見出しを必要としない場合又は共通見出しの場合は「附則を附則第1項とし、同項に見出しとして「（施行期日）」を付し、同項の次に次の1項を加える」としてもよい。（⇒§5.2.4）

設問14　改正案要綱に基づく改正案と改正後の条例の作成　171

次の条例を新旧対照表のように改正するには、改正案をどのようにしたらよいか。なお、この条例には目次がなく、したがって章建てにもなっていないが、目次を付する改正は省略し、第1章の章名を付するところから始めること。また、この新旧対照表はこの条例の改正の冒頭の一部分であり、以降、まだ継続する。

◎ 農薬取締条例の一部改正　新旧対照表

改正前	改正後
	第1章　総則
（目的）	（目的）
第1条　この条例は、農薬について登録の制度を設け、販売及び使用の規制等を行なうことにより、農薬の品質の適正化とその安全かつ適正な使用の確保を図り、もつて農業生産の安定と住民の健康の保護に資するとともに、住民の生活環境の保全に寄与することを目的とする。	第1条　この条例は、農薬について登録の制度を設け、販売及び使用の規制等を行うことにより、農薬の安全性その他の品質及びその安全かつ適正な使用の確保を図り、もって農業生産の安定と住民の健康の保護に資するとともに、住民の生活環境の保全に寄与することを目的とする。
（定義）	（定義）
第1条の2　この条例において「農薬」とは、農作物（樹木及び農林産物を含む。以下「農作物等」という。）を害する菌、線虫、だに、昆虫、ねずみその他の動植物又はウイルス（以下「病害虫」と総称する。）の防除に用いられる殺菌剤、殺虫剤その他の薬剤（その薬剤を原料又は材料として使用した資材で当該防除に用いられるもののうち規則で定めるものを含む。）及び農作物等の生理機能の増進又は抑制に用いられる成長促進剤、発芽抑制剤その他の薬剤をいう。	第2条　この条例において「農薬」とは、農作物（樹木及び農林産物を含む。以下「農作物等」という。）を害する菌、線虫、だに、昆虫、ねずみ、草その他の動植物又はウイルス（以下「病害虫」と総称する。）の防除に用いられる殺菌剤、殺虫剤、除草剤その他の薬剤（その薬剤を原料又は材料として使用した資材で当該防除に用いられるもののうち規則で定めるものを含む。）及び農作物等の生理機能の増進又は抑制に用いられる成長促進剤、発芽抑制剤その他の薬剤（肥料取締法（昭和25年法律第127号）第2条第1項に規定する肥料を除く。）をいう。

2　前項の防除のために利用される天敵は、この条例の適用については、これを農薬とみなす。	2　前項の防除のために利用される天敵は、この条例の適用については、これを農薬とみなす。
	3　この条例において「農薬原体」とは、農薬の原料であって、有効成分及びその製造の結果残存する有効成分以外の成分から成るものをいう。
3　この条例において「製造者」とは、農薬を製造し、又は加工する者をいい、「輸入者」とは、農薬を輸入する者をいい、「販売者」とは、農薬を販売（販売以外の授与を含む。以下同じ。）する者をいう。	4　この条例において「製造者」とは、農薬を製造し、又は加工する者をいい、「輸入者」とは、農薬を輸入する者をいい、「販売者」とは、農薬を販売（販売以外の授与を含む。以下同じ。）する者をいう。
4　この条例において「残留性」とは、農薬の使用に伴いその農薬の成分である物質（その物質が科学的に変化して生成した物質を含む。）が農作物等又は土壌に残留する性質をいう。	
（公定規格） 第1条の3　知事は、農薬につき、その種類ごとに、含有すべき有効成分の量、含有を許される有害成分の最大量その他必要な事項についての規格（以下「公定規格」という。）を定めることができる。	
2　知事は、公定価格を設定し、変更し、又は廃止しようとするときは、その期日の少なくとも30日前までに、これを公告しなければならない。	
（農薬の登録） 第2条　製造者又は輸入者は、農薬について、知事の登録を受けなければ、これを製造し若しくは加工し、又は輸入してはならない。ただし、その原材料に照らし農作物等、人畜及び水産動植物に害を	第2章　登録 （農薬の登録） 第3条　製造者又は輸入者は、農薬について、知事の登録を受けなければ、これを製造し若しくは加工し、又は輸入してはならない。ただし、その原材料に照らし農作物等、人畜及び水産動植物に害を及

及ぼすおそれがないことが明らかなものとして知事が指定する農薬（以下「特定農薬」という。）を製造し若しくは加工し、又は輸入する場合、<u>第15条の2第1項</u>の登録に係る農薬で同条第6項において準用する<u>第7条</u>の規定による表示のあるものを輸入する場合その他規則で定める場合は、この限りでない。

2　前項の登録の申請は、<u>次の</u>事項を記載した申請書、<u>農薬の薬効、薬害、毒性及び残留性に関する試験成績を記載した書類並びに農薬の見本を提出して、これをしなければならない。</u>

（1）　氏名（法人の場合に<u>あつて</u>は、その名称及び代表者の氏名。<u>以下同じ。</u>）及び住所

（2）　農薬の種類、名称、物理的化学的性状並びに有効成分とその他の成分との別にその各成分の種類及び<u>含有量</u>

（3）　適用病害虫の範囲（農作物等の生理機能の増進又は抑制に用いられる薬剤に<u>あつて</u>は、適用農作物等の範囲及び使用目的。以下同じ。）及び使用方法

（4）　人畜に有毒な農薬については、その旨及び解毒方法

ぼすおそれがないことが明らかなものとして知事が指定する農薬（以下「特定農薬」という。）を製造し若しくは加工し、又は輸入する場合、<u>第34条第1項</u>の登録に係る農薬で同条第6項において準用する<u>第16条</u>の規定による表示のあるものを輸入する場合その他規則で定める場合は、この限りでない。

2　前項の登録の申請は、<u>次に掲げる</u>事項を記載した申請書<u>及び農薬の安全性その他の品質に関する試験成績を記載した書類その他第4項の審査のために必要なものとして規則で定める資料を提出して、これをしなければならない。この場合において、試験成績のうち規則で定めるもの（以下「特定試験成績」という。）は、その信頼性を確保するために必要なものとして規則で定める基準に従って行われる試験（以下「基準適合試験」という。）によるものでなければならない。</u>

（1）　氏名（法人の場合にあっては、その名称及び代表者の氏名。<u>第12号を除き、以下同じ。</u>）及び住所

（2）　農薬の種類、名称、物理的化学的性状並びに有効成分とその他の成分との別にその各成分の種類及び<u>含有濃度（第11号に掲げる事項を除く。）</u>

（3）　適用病害虫の範囲（農作物等の生理機能の増進又は抑制に用いられる薬剤に<u>あって</u>は、適用農作物等の範囲及び使用目的。以下同じ。）及び使用方法

（4）　人畜に有毒な農薬については、その旨及び解毒方法

（5）　水産動植物に有毒な農薬については、その旨	（5）　水産動植物に有毒な農薬については、その旨
（6）　引火し、爆発し、又は皮膚を害する等の危険のある農薬については、その旨	（6）　引火し、爆発し、又は皮膚を害する等の危険のある農薬については、その旨
（7）　<u>貯蔵上</u>又は使用上の注意事項	（7）　<u>農薬の貯蔵上</u>又は使用上の注意事項
（8）　製造場の名称及び所在地	（8）　<u>農薬の</u>製造場の名称及び所在地
（9）　製造し、又は加工しようとする農薬については、製造方法及び製造責任者の氏名	（9）　製造し、又は加工しようとする農薬については、製造方法及び製造責任者の氏名
（10）　販売する場合にあつては、その販売に係る容器又は包装の種類及び材質並びにその内容量	（10）　<u>販売しようとする農薬については</u>、その販売に係る容器又は包装の種類及び材質並びにその内容量
	（11）　<u>農薬原体の有効成分以外の成分の種類及び含有濃度</u>
	（12）　<u>農薬原体を製造する者の氏名（法人の場合にあっては、その名称）及び住所並びに農薬原体の製造場の名称及び所在地</u>
	（13）　<u>農薬原体の主要な製造工程</u>
3　知事は、前項の申請を受けたときは、<u>地方独立行政法人農林水産センター（以下「センター」という。）に農薬の見本について検査をさせ、次条第1項の規定による指示をする場合を除き、地帯なく当該農薬を登録し、かつ、次の事項を記載した登録票を交付しなければならない。</u>	3　<u>第1項の登録の申請をする者は、当該申請に係る農薬の農薬原体が、現に同項又は第34条第1項の登録を受けている農薬の農薬原体とその成分及び毒性の強さにおいて同等であるときは、規則で定めるところにより、前項の規定により提出すべき資料の一部を省略することができる。</u>
（1）　<u>登録番号及び登録年月日</u>	
（2）　<u>登録の有効期間</u>	
（3）　<u>申請書に記載する前項第2号及び第3号に掲げる事項</u>	

（４）　第12条の２第１項の水質汚濁性農薬に該当する農薬にあっては、「水質汚濁性農薬」という文字
（５）　製造者又は輸入者の氏名及び住所
（６）　製造場の名称及び所在地

4　検査項目、検査方法その他前項の検査の実施に関して必要な事項は、規則で定める。
5　現に登録を受けている農薬について再登録の申請があつた場合には、知事は、これについて、第３項の検査を省略することができる。
6　第１項の登録の申請をする者は、実費を勘案して規則で定める額の手数料を納付しなければならない。

4　知事は、第１項の登録の申請を受けたときは、最新の科学的知見に基づき、第２項の申請書及び資料に基づく当該申請に係る農薬の安全性その他の品質に関する審査を行うものとする。
5　知事は、地方独立行政法人農林水産センター（以下「センター」という。）に、前項の審査に関する業務の一部を行わせることができる。
6　知事は、第１項の登録の申請に係る農薬が、病害虫の防除若しくは農作物等の生理機能の増進若しくは抑制において特に必要性が高いもの又は適用病害虫の範囲及び使用方法が類似する他の農薬と比較して特に安全性が高いものと認めるときは、当該申請に係る農薬についての第４項の審査を、他の農薬の審査に優先して行うように努めるものとする。
7　第４項の審査の実施に関して必要な事項は、規則で定める。
8　第１項の登録の申請をする者は、実費を勘案して規則で定める額の手数料を納付しなければならない。

（記載事項の訂正又は品質改良の指示）

第３条　知事は、前条第３項の検査の結果、次の各号のいずれかに該当する場合は、同項の規定による登録を保留して、申請者に対し申請書の記載事項を訂正し、又は当該農薬の品質を改良すべきことを指示することができる。

（１）　申請書の記載事項に虚偽の事実があるとき。

（２）　前条第２項第３号の事項についての申請書の記載に従い当該農薬を使用する場合に農作物等に害があるとき。

（３）　当該農薬を使用するときは、使用に際し、危険防止方法を講じた場合においてもなお人畜に危険を及ぼす

9　知事は、次条第１項の規定により登録を拒否する場合を除き、第１項の登録の申請に係る農薬を登録し、かつ、次に掲げる事項を記載した登録票を交付しなければならない。

（１）　登録番号及び登録年月日

（２）　第２項第２号、第３号、第８号及び第11号に掲げる事項

（３）　水質汚濁性農薬（第26条第２項に規定する水質汚濁性農薬をいう。第16条第５号及び第20条において同じ。）に該当する農薬にあっては、「水質汚濁性農薬」という文字

（４）　製造者又は輸入者の氏名及び住所

（登録の拒否）

第４条　知事は、前条第４項の審査の結果、次の各号のいずれかに該当すると認めるときは、同条第１項の登録を拒否しなければならない。

（１）　提出された書類の記載事項に虚偽の事実があるとき。

（２）　特定試験成績が基準適合試験によるものでないとき。

（３）　当該農薬の薬効がないと認められるとき。

（４）　前条第２項第３号に掲げる事項についての申請書の記載に従い当該農薬を使用する場合に農作物等に害があるとき。

（５）　当該農薬を使用するときは、使用に際し、危険防止方法を講じた場合においてもなお人畜に危険を及ぼす

おそれがあるとき。

（4）　前条第２項第３号の事項についての申請書の記載に従い当該農薬が有する農作物等についての残留性の程度からみて、その使用に係る農作物等の汚染が生じ、かつ、その汚染に係る農作物等の利用が原因となつて人畜に被害を生ずるおそれがあるとき。

（5）　前条第２項第３号の事項についての申請書の記載に従い当該農薬を使用する場合に、当該農薬が有する土壌についての残留性の程度からみて、その使用に係る農地等の汚染が生じ、かつ、その汚染により汚染される農作物等の利用が原因となつて人畜に被害を生ずるおそれがあるとき。

（6）　当該種類の農薬が、その相当の普及状態のもとに前条第２項第３号の事項についての申請書の記載に従い一般的に使用されるとした場合に、その水産動植物に対する毒性の強さ及びその毒性の相当日数にわたる持続性からみて、多くの場合、その使用に伴うと認められる水産動植物の被害が発生し、かつ、その被害が著しいものとなるおそれがあるとき。

（7）　当該種類の農薬が、その相当の普

おそれがあるとき。

（6）　前条第２項第３号に掲げる事項についての申請書の記載に従いその使用に係る農作物等への当該農薬の成分（その成分が化学的に変化して生成したものを含む。次号において同じ。）の残留の程度からみて、当該農作物等又は当該農作物等を家畜の飼料の用に供して生産される畜産物の利用が原因となって人に被害を生ずるおそれがあるとき。

（7）　前条第２項第３号に掲げる事項についての申請書の記載に従い当該農薬を使用する場合に、その使用に係る農地等の土壌への当該農薬の成分の残留の程度からみて、当該農地等において栽培される農作物等又は当該農作物等を家畜の飼料の用に供して生産される畜産物の利用が原因となって人に被害を生ずるおそれがあるとき。

（8）　当該種類の農薬が、その相当の普及状態の下に前条第２項第３号に掲げる事項についての申請書の記載に従い一般的に使用されるとした場合に、その水産動植物に対する毒性の強さ及びその毒性の相当日数にわたる持続性からみて、多くの場合、その使用に伴うと認められる水産動植物の被害が発生し、かつ、その被害が著しいものとなるおそれがあるとき。

（9）　当該種類の農薬が、その相当の普

及状態のもとに前条第２項第３号の事項についての申請書の記載に従い一般的に使用されるとした場合に、多くの場合、その使用に伴うと認められる公共用水域（水質汚濁防止法（昭和45年法律第138号）第２条第１項に規定する公共用水域をいう。第12条の２において同じ。）の水質の汚濁が生じ、かつ、その汚濁に係る水（その汚濁により汚染される水産動植物を含む。第12条の２において同じ。）の利用が原因となつて人畜に被害を生ずるおそれがあるとき。

（８）　当該農薬の名称が、その主成分又は効果について誤解を生ずるおそれがあるものであるとき。

（９）　当該農薬の薬効が著しく劣り、農薬としての使用価値がないと認められるとき。

（10）　公定規格が定められている種類に属する農薬については、当該農薬が公定規格に適合せず、かつ、その薬効が公定規格に適合している当該種類の他の農薬の薬効に比して劣るものであるとき。

2　前項第４号から第７号までのいずれかに掲げる場合に該当するかどうかの基準は、知事が定めて告示する。

3　第１項の規定による指示を受けた者が、その指示を受けた日から１箇月以内

及状態の下に前条第２項第３号に掲げる事項についての申請書の記載に従い一般的に使用されるとした場合に、多くの場合、その使用に伴うと認められる公共用水域（水質汚濁防止法（昭和45年法律第138号）第２条第１項に規定する公共用水域をいう。第26条において同じ。）の水質の汚濁が生じ、かつ、その汚濁に係る水（その汚濁により汚染される水産動植物を含む。同条において同じ。）の利用が原因となって人畜に被害を生ずるおそれがあるとき。

（10）　当該農薬の名称が、その主成分又は効果について誤解を生ずるおそれがあるものであるとき。

（11）　前各号に掲げるもののほか、農作物等、人畜又は水産動植物に害を及ぼすおそれがある場合として規則で定める場合に該当するとき。

2　前項第６号から第９号までのいずれかに掲げる場合に該当するかどうかの基準は、知事が定めて告示する。

設問15　新旧対照表に基づく改正案の作成1　179

にその指示に基づき申請書の記載事項の訂正又は品質の改良をしないときは、次条第1項の規定により異議の申出がされてる場合を除き、知事は、その者の登録の申請を却下する。

（異議の申出）

第4条　第2条第1項の登録を申請した者は、前条第1項の規定による指示に不服があるときは、その指示を受けた日から2週間以内に、知事に書面をもって異議を申し出ることができる。

2　知事は、前項の申出を受けたときは、その申出を受けた日から2箇月以内にこれについて決定をし、その申出を政党と認めたときは、すみやかに当該農薬を登録し、かつ、当該申請者に登録票を交付し、その申出を正当でないと認めたときは当該申請者にその旨の通知をしなければならない。

3　異議の申出をした者が、前項後段の通知を受けた日から1箇月以内に前条第1項の規定による指示に基づいて書面の記載事項の訂正又は品質の改良をしないときは、知事は、その者の登録の申請を却下する。

（登録の有効期間）

第5条　第2条第1項の登録の有効期間は3年とする。

（承継）

第5条の2　第2条第1項の登録を受けた者について相続、合併又は分割（その登録に係る農薬の製造若しくは加工又は輸入の事業の全部又は一部を承継させるものに限る。）があつたときは、相続人（相

（承継）

第5条　第3条第1項の登録を受けた者について相続、合併又は分割（その登録に係る農薬の製造若しくは加工又は輸入の事業の全部又は一部を承継させるものに限る。）があったときは、相続人（相続

続人が２人以上ある場合において、その全員の同意によりその登録に係る農薬の製造若しくは加工又は輸入の事業を承継すべき相続人を選定したときは、その者）、合併後存続する法人若しくは合併により設立した法人又は分割によりその登録に係る農薬の製造若しくは加工若しくは輸入の事業を承継した法人は、その登録を受けた者の地位を承継する。

2　第２条第１項の登録を受けた者がその登録に係る農薬の製造若しくは加工又は輸入の事業の全部又は一部の譲渡しをしたときは、譲受人は、その登録を受けた者の地位を承継する。

3　前２項の規定により第２条第１項の登録を受けた者の地位を承継した者は、相続の場合にあつては相続後遅滞なく、合併及び分割並びに事業の譲渡しの場合にあっては合併若しくは分割又は事業の譲渡しの日から２週間以内に、その旨を知事に届け出て、登録票の書替交付（一の農薬の製造若しくは加工又は輸入の事業の一部につき分割により事業を承継し、又は事業の譲渡しを受けた者にあつては、登録票の交付）を申請しなければならない。

4　前項の規定により登録票の書替交付又は交付の申請をする者は、実費を勘案して規則で定める額の手数料を納付しなければならない。

人が２人以上ある場合において、その全員の同意によりその登録に係る農薬の製造若しくは加工又は輸入の事業を承継すべき相続人を選定したときは、その者）、合併後存続する法人若しくは合併により設立した法人又は分割によりその登録に係る農薬の製造若しくは加工若しくは輸入の事業を承継した法人は、その登録を受けた者の地位を承継する。

2　第３条第１項の登録を受けた者がその登録に係る農薬の製造若しくは加工又は輸入の事業の全部又は一部の譲渡しをしたときは、譲受人は、その登録を受けた者の地位を承継する。

3　前２項の規定により第３条第１項の登録を受けた者の地位を承継した者は、相続の場合にあっては相続後遅滞なく、合併及び分割並びに事業の譲渡しの場合にあっては合併若しくは分割又は事業の譲渡しの日から２週間以内に、その旨を知事に届け出て、登録票の書替交付（一の農薬の製造若しくは加工又は輸入の事業の一部につき分割により事業を承継し、又は事業の譲渡しを受けた者にあっては、登録票の交付）を申請しなければならない。

4　前項の規定により登録票の書替交付又は交付の申請をする者は、実費を勘案して規則で定める額の手数料を納付しなければならない。

改正例

×第1条の前に次の章名を付する。

×××第1章　総則

×第1条中「行なう」を「行う」に、「品質の適正化と」を「安全性その他の品質及び」に、「もつて」を「もって」に改める。

×第4条及び第5条を削る。

×第3条の見出しを「(登録の拒否)」に改め、同条第1項中「前条第3項の検査」を「前条第4項の審査」に、「場合は、同項の規定による登録を保留して、申請者に対し申請書の記載事項を訂正し、又は当該農薬の品質を改良すべきことを指示することができる」を「と認めるときは、同条第1項の登録を拒否しなければならない」に改め、同項第1号中「申請書」を「提出された書類」に改め、同項中第9号及び第10号を削り、第8号を第10号とし、同項第7号中「もとに」を「下に」に、「の事項」を「に掲げる事項」に、「いう。第12条の2」を「いう。第26条」に、「含む。第12条の2」を「含む。同条」に、「なつて」を「なって」に改め、同号を同項第9号とし、同項第6号中「もとに」を「下に」に、「の事項」を「に掲げる事項」に改め、同号を同項第8号とし、同項第5号中「の事項」を「に掲げる事項」に、「当該農薬が有する土壌についての残留性の程度からみて、その使用に係る農地等の土壌の汚染が生じ、かつ、その汚染により汚染される農作物等」を「その使用に係る農地等の土壌への当該農薬の成分の残留の程度からみて、当該農地等において栽培される農作物等又は当該農作物等を家畜の飼料の用に供して生産される畜産物」に、「なつて人畜」を「なって人」に改め、同号を同項第7号とし、同項第4号中「の事項」を「に掲げる事項」に、「当該農薬が有する農作物等についての残留性の程度からみて、その使用に係る農作物等の汚染が生じ、かつ、その汚染に係る農作物等」を「その使用に係る農作物等への当該農薬の成分(その成分が化学的に変化して生成したものを含む。次号において同じ。)の残留の程度からみて、当該農作物等又は当該農作物等を家畜の飼料の用に供して生産される畜産物」に、「なつて人畜」を「なって人」に改め、同号を同項第6号とし、同項第3号を同項第5号とし、同項第2号中「の事項」を「に掲げる事項」に改め、同号を同項第4号とし、同項第1号の次に次の2号を加える。

×(2)　特定試験成績が基準適合試験によるものでないとき。

×(3)　当該農薬の薬効がないと認められるとき。

×第3条第1項に次の1号を加える。

×(11)　前各号に掲げるもののほか、農作物等、人畜又は水産動植物に害を及ぼす

××おそれがある場合として規則で定める場合に該当するとき。

×第３条第２項中「前項第４号から第７号まで」を「前項第６号から第９号まで」に改め、同条第３項を削り、同条を第４条とする。

×第２条第１項ただし書中「第15条の２第１項」を「第34条第１項」に、「第７条」を「第16条」に改め、同条第２項中「次の」を「次に掲げる」に、「、農薬の薬効、薬害、毒性及び残留性に関する試験成績を記載した書類並びに農薬の見本」を「及び農薬の安全性その他の品質に関する試験成績を記載した書類その他第４項の審査のために必要なものとして規則で定める資料」に改め、同項に後段として次のように加える。

××この場合において、試験成績のうち規則で定めるもの（以下「特定試験成績」×という。）は、その信頼性を確保するために必要なものとして規則で定める基準に×従って行われる試験（以下「基準適合試験」という。）によるものでなければなら×ない。

×第２条第２項第１号中「あつては」を「あっては」に、「以下」を「第12号を除き、以下」に改め、同項第２号中「含有量」を「含有濃度（第11号に掲げる事項を除く。）」に改め、同項第３号中「あつては」を「あっては」に改め、同項第７号中「貯蔵上」を「農薬の貯蔵上」に改め、同項第８号中「製造場」を「農薬の製造場」に改め、同項第10号中「販売する場合にあつては」を「販売しようとする農薬については」に改め、同項に次の３号を加える。

×（11）　農薬原体の有効成分以外の成分の種類及び含有濃度

×（12）　農薬原体を製造する者の氏名（法人の場合にあっては、その名称）及び住××所並びに農薬原体の製造場の名称及び所在地

×（13）　農薬原体の主要な製造工程

×第２条第３項を次のように改める。

3　第１項の登録の申請をする者は、当該申請に係る農薬の農薬原体が、現に同項×又は第34条第１項の登録を受けている農薬の農薬原体とその成分及び毒性の強さ×において同等であるときは、規則で定めるところにより、前項の規定により提出×すべき資料の一部を省略することができる。

×第２条中第６項を第８項とし、第５項を削り、同条第４項中「検査項目、検査方法その他前項の検査」を「第４項の審査」に改め、同項を同条第７項とし、同条第３項の次に次の３項を加える。

4　知事は、第１項の登録の申請を受けたときは、最新の科学的知見に基づき、第×２項の申請書及び資料に基づく当該申請に係る農薬の安全性その他の品質に関す

×る審査を行うものとする。

5　知事は、地方独立行政法人農林水産センター（以下「センター」という。）に、
×前項の審査に関する業務の一部を行わせることができる。

6　知事は、第1項の登録の申請に係る農薬が、病害虫の防除若しくは農作物等の
×生理機能の増進若しくは抑制において特に必要性が高いもの又は適用病害虫の範
×囲及び使用方法が類似する他の農薬と比較して特に安全性が高いものと認めると
×きは、当該申請に係る農薬についての第4項の審査を、他の農薬の審査に優先し
×て行うように努めるものとする。

×第2条に次の1項を加える。

9　知事は、次条第1項の規定により登録を拒否する場合を除き、第1項の登録の
×申請に係る農薬を登録し、かつ、次に掲げる事項を記載した登録票を交付しなけ
×ればならない。

×（1）　登録番号及び登録年月日

×（2）　第2項第2号、第3号、第8号及び第11号に掲げる事項

×（3）　水質汚濁性農薬（第26条第2項に規定する水質汚濁性農薬をいう。第16条
××第5号及び第20条において同じ。）に該当する農薬にあっては、「水質汚濁性農
××薬」という文字

×（4）　製造者又は輸入者の氏名及び住所

×第2条を第3条とする。

×第1条の3を削る。

×第1条の2第1項中「ねずみ」の次に「、草」を、「殺虫剤」の次に「、除草剤」
を加え、「をいう」を「（肥料取締法（昭和25年法律第127号）第2条第1項に規定す
る肥料を除く。）をいう」に改め、同条中第4項を削り、第3項を第4項とし、第2
項の次に次の1項を加える。

3　この条例において「農薬原体」とは、農薬の原料であって、有効成分及びその
×製造の結果残存する有効成分以外の成分から成るものをいう。

×第1条の2を第2条とし、同条の次に次の章名を付する。

×××第2章　登録

×第5条の2第1項中「第2条第1項」を「第3条第1項」に、「あつた」を「あった」
に改め、同条第2項中「第2条第1項」を「第3条第1項」に改め、同条第3項中「第
2条第1項」を「第3条第1項」に、「あつては」を「あっては」に改め、同条を第
5条とする。

解 説

1　章建てにするので、まず第1章の章名を付する、とする。目次を付するのに続ける場合には、「題名の次に次の目次及び章名を付する」とするが、ここでは目次とは別に章名を付する形にしている。したがって、第1条の前に付する、としている。

2　第1条中の改正を行う。ここでは改めるだけになる。実質的な改正があるので、表記の改正も行う。

3　条の移動があるので、次に第4条と第5条を削る改正に飛ぶ。

4　第3条の改正は大分込み入っているので、順に改正を行っていく。まず見出しの改正を行い、第1項各号列記以外の部分の改正をし、次に各号に進む。第1号を改正した次に、新第2号と第3号を加えるために、第9号と第10号を削って第8号から順次2号ずつ繰り下げる改正を先に行う。各号中の改正を行いながら、第2号まで遡り、第1号の次に2号を加えることになる。

5　さらに、第3条第1項の末尾に第11号を加える。

6　第3条第2項中の引用規定の整理を行って、これを第4条とする。

7　次に第2条の改正であるが、第1項のただし書は引用規定の整理、第2項は内容の改正と後段を加える改正であり、後段を加えるので、改正規定はこれで閉じる。

8　第2条の改正は続き、第2項の各号中の改正を順次行い、その末尾に3号を加える。

9　第2条第3項は全部改正である。

10　第2条中、第5項を削り、新たに3項を加えるので、第6項を2項繰り下げ、第4項を3項繰り下げ、場所を確保した上で、新たに第4項から第6項までを加える。

11　第2条の末尾に第9項を新たに加える。

12　以上の改正を行った第2条を第3条とする。

13　第1条の3は削る。

14　第1条の2は、第1項の改正を行って、第4項を削り、第3項を第4項にして、新第3項を加える。

15　続いて第1条の2を第2条とし、第2条の次に第2章の章名を付する。これによって、新第3条から第2章となる。

16　第5条の2は引用条文の整理と表記改正であり、既に第4条と第5条を削り、第3条を第4条としているため、空いている第5条に移動させる。

設問⑯ 次の新旧対照表に示す条例の改正案はどのようになるか。

◎ 青少年の健全な育成に関する条例　新旧対照表

改正前	改正後
（目次） 第３章　青少年の性に関する健全な判断能力の育成（第18条の３―<u>第18条の６</u>） 第４章　児童ポルノ及び青少年を性欲の対象として扱う図書類等に係る責務（<u>第18条の６の２・第18条の６の３</u>） 第５章　インターネット利用環境の整備（<u>第18条の６の４―第18条の６の８</u>） （携帯電話端末等の推奨） 第５条の２　知事は、・・・・と認められるものを推奨することができる。 <u>２</u>　知事は、<u>前項</u>の規定による推奨をしようとするときは、・・・・の意見を聴かなければならない。 　　　　第３章　青少年の性に関する健全な判断能力の育成 第18条の３～第18条の６　・・・	（目次） 第３章　青少年の性に関する健全な判断能力の育成（第18条の３―<u>第18条の７</u>） 第４章　児童ポルノ及び青少年を性欲の対象として扱う図書類等に係る責務（<u>第18条の８・第18条の９</u>） 第５章　インターネット利用環境の整備（<u>第18条の10―第18条の13</u>） （携帯電話端末等の推奨） 第５条の２　知事は、・・・・と認められるものを推奨することができる。 <u>２　知事は、・・・・を推奨することができる。</u> <u>３</u>　知事は、<u>前２項</u>の規定による推奨をしようとするときは、・・・・の意見を聴かなければならない。 　　　　第３章　青少年の性に関する健全な判断能力の育成 第18条の３～第18条の６　・・・ <u>（青少年に児童ポルノ等の提供を求める行為の禁止）</u> <u>第18条の７　何人も、青少年に対し、次に掲げる行為を行ってはならない。</u> <u>（１）　青少年に拒まれたにもかかわらず、児童ポルノ等・・・の提供を行うように求めること。</u>

第4章　児童ポルノ及び青少年を性欲の対象として扱う図書類等に係る責務

（児童ポルノの根絶等に向けた県の責務等）

第18条の6の2　県は、・・・・環境の整備に努める責務を有する。

2・3　・・・・

（青少年を性欲の対象として扱う図書類等に係る保護者等の責務）

第18条の6の3　保護者等は、・・・・青少年が・・・の対象とならないように適切な保護監督及び教育に努めなければならない。

2～4　・・・・

第5章　インターネット利用環境の整備

（インターネット利用に係る県の責務）

第18条の6の4　県は、・・・・普及啓発、教育等の施策の推進に努めるものとする。

2　県は、・・・・インターネットの利用に関する啓発についての指針を定めるものとする。

（インターネット利用に係る事業者の責務）

第18条の7　青少年有害情報フィルタリングソフトウェア・・・を開発する事業者・・・は、・・・性能及び利便性の向上を図るように努めなければならない。

2・3　・・・・

4　・・・・

5　・・・・施設を経営する者は、・・・・の提供に努めなければならない。

（2）　青少年を威迫し、・・・児童ポルノ等の提供を行うように求めること。

第4章　児童ポルノ及び青少年を性欲の対象として扱う図書類等に係る責務

（児童ポルノの根絶等に向けた県の責務等）

第18条の8　県は、・・・・環境の整備に努める責務を有する。

2・3　・・・・

（青少年を性欲の対象として扱う図書類等に係る保護者等の責務）

第18条の9　保護者等は、・・・・青少年が・・・の対象とならないように適切な保護監督及び教育に努めなければならない。

2～4　・・・・

第5章　インターネット利用環境の整備

（インターネット利用に係る県の責務）

第18条の10　県は、・・・・普及啓発、教育等の施策の推進に努めるものとする。

2　県は、・・・・インターネットの利用に関する啓発についての指針を定めるものとする。

（インターネット利用に係る事業者の責務）

第18条の11　青少年有害情報フィルタリングソフトウェア・・・を開発する事業者・・・は、・・・性能及び利便性の向上を図るように努めなければならない。

2・3　・・・・

4　・・・・施設を経営する者は、・・・・の提供に努めなければならない。

設問16　新旧対照表に基づく改正案の作成2　187

6 青少年のインターネットの利用に関係する事業を行う者は、・・・啓発に努めるものとする。 （携帯電話端末等による青少年有害情報の閲覧防止措置） 第18条の7の2 保護者は、・・・・に提出しなければならない。 2 携帯電話インターネット接続役務提供事業者・・・・・。 3 携帯電話インターネット接続役務提供事業者・・・・。 4 知事は、携帯電話インターネット接続役務提供事業者が・・・勧告することができる。 5 知事は、携帯電話インターネット接続役務提供事業者が・・・・公表することができる。 6 知事は、・・・携帯電話インターネット接続役務提供事業者・・・・機会を与えなければならない。 7 知事が指定した・・・・当該携帯電話インターネット接続役務提供事業者・・・資料の提出を求めることができる。 （インターネット利用に係る保護者等の責務） 第18条の8 保護者は、・・・管理するように努めなければならない。 2・3 ・・・・。 　　　　第6章 ・・・・ 第26条 次の各号の一に該当する者は、30万円以下の罰金に処する。 （1）〜（6） ・・・・	5 青少年のインターネットの利用に関係する事業を行う者は、・・・啓発に努めるものとする。 （携帯電話端末等による青少年有害情報の閲覧防止措置） 第18条の12 保護者は、・・・・に提出しなければならない。 2 携帯電話インターネット接続役務提供事業者等は、・・・・説明書を交付しなければならない。 3 携帯電話インターネット接続役務提供事業者等は、・・・・保存しなければならない。 4 知事は、携帯電話インターネット接続役務提供事業者等が・・・勧告することができる。 5 知事は、携帯電話インターネット接続役務提供事業者等が・・・・公表することができる。 6 知事は、・・・携帯電話インターネット接続役務提供事業者等・・・・機会を与えなければならない。 7 知事が指定した・・・・当該携帯電話インターネット接続役務提供事業者等・・・資料の提出を求めることができる。 （インターネット利用に係る保護者等の責務） 第18条の13 保護者は、・・・管理するように努めなければならない。 2・3 ・・・・。 　　　　第6章 ・・・・ 第26条 次の各号の一に該当する者は、30万円以下の罰金に処する。 （1）〜（6） ・・・・ （7） 第18条の7の規定に違反した者

> ### 改正例
>
> ×××青少年の健全な育成に関する条例の一部を改正する条例案
>
> ×青少年の健全な育成に関する条例（昭和45年○○県条例第18号）の一部を次のように改正する。
>
> ×目次中「第18条の６」を「第18条の７」に、「（第18条の６の２・第18条の６の３）」を「（第18条の８・第18条の９）」に、「（第18条の６の４－第18条の８）」を「（第18条の10－第18の13）」に改める。
>
> ×第５条の２第２項中「前項」を「前２項」に改め、同項を同条第３項とし、同条第１項の次に次の１項を加える。
>
> 　２　知事は、・・・・・を推奨することができる。
>
> ×第５章中第18条の８を第18条の13とする。
>
> ×第18条の７の２第２項及び第３項を次のように改める。
>
> 　２　携帯電話インターネット接続役務提供事業者等は、・・・・・説明書を交付しな
> ×ければならない。
>
> 　３　携帯電話インターネット接続役務提供事業者等は、・・・・保存しなければなら
> ×ない。
>
> ×第18条の７の２第４項から第７項までの規定中「携帯電話インターネット接続役務提供事業者」を「携帯電話インターネット接続役務提供事業者等」に改め、同条を第18条の12とする。
>
> ×第18条の７第４項を削り、同条第５項を同条第４項とし、同条第６項を同条第５項とし、同条を第18条の11とする。
>
> ×第18条の６の４を第18条の10とする。
>
> ×第４章中第18条の６の３を第18条の９とし、第18条の６の２を第18条の８とする。
>
> ×第３章中第18条の６の次に次の１条を加える。
>
> ×（青少年に児童ポルノ等の提供を求める行為の禁止）
>
> 第18条の７　何人も、青少年に対し、次に掲げる行為を行ってはならない。
>
> ×（１）　青少年に拒まれたにもかかわらず、児童ポルノ等・・・の提供を行うよう
> ××に求めること。
>
> ×（２）　青少年を威迫し、・・・・児童ポルノ等の提供を行うように求めること。
>
> ×第26条に次の１号を加える。
>
> ×（７）　第18条の７の規定に違反した者
>
> 　　〔附則　略〕

設問16　新旧対照表に基づく改正案の作成2　189

> **解説**

1 　第３章から第５章までの条を移動し、かつ、枝番号の枝番号の条の条名を変更して枝番号にすることも含む改正なので、目次中の当該条名の変更を必要とする。このような場合には条名の部分だけ（必要に応じ括弧も含めて）改めることになる。なお、枝番号ではない章が枝番号の条だけで構成されるのは、異例と言えば異例であり、本来は枝番号の章であるが、ここでは便宜、枝番号ではない章として扱う。

2 　第５条の２に新第２項を加える改正は、新第３項の中の整理による改正を先に行い、これを移動させて、第１項の次に新第２項を加えるものである。セオリーどおりの改正である。

3 　新第18条の７を加えるため、また、枝番号の枝番号を解消するため、条の繰下げを先に行わなければならない。まず、旧第18条の８を新第18条の13とする。５条分移動させることになる。これは第５章の末尾になり、かつ、繰下げであるから、「第５章中」として帰属を明らかにしなければならない。

4 　後ろから改正をしていかなければならないから、次は旧第18条の７の２の改正である。これは第２項と第３項を全部改正し、第４項から第７項まで同じ語句を改正するので、二つの文に分けられる。まず、第２項と第３項を全部改正する。次に、第４項から第７項までの語句の改正を一括して行う。ここで、この条を第18条の12に位置付ける。

5 　旧第18条の７は、第４項を削り、第５項と第６項を繰り上げる改正である。その改正をしたところで、これを第18条の11とする。

6 　次の第18条の６の４を第18条の10とする。ここの移動は連続しているので、一括して行えるかもしれないが、この条を第５章の冒頭に位置付けることになるので、他の条の移動とは切り離して規定することになる。

7 　旧第18条の６の３と旧第18条の６の２は、新第18条の９と新第18条の８とするが、これは第４章内となるので、「第４章中」と帰属を明らかにする。

8 　新たに新第18条の７を追加するが、これは第18条の６の次に加えるとし、かつ、第３章の末尾となるので、その帰属を明らかにする。禁止行為なので、これに対する罰則を付加することになるが、それはまだ後ろの改正である。

　　なお、第18条の３から第18条の６までは、変更ない。第３章の冒頭が第18条の３であることも変わりない。したがって、この部分には改正が不要である。

9 　最後に、新第18条の７の違反に対する罰則を加える。第26条に第７号を加える改正である。第７号が末尾となるので、単に第26条に次の１号を加える、とすることで済む。これで改正を終了する（附則は省略）。

次の条例を後掲の改正案要綱に基づいて改正する改正案はどのようになるか。新旧対照表を作成して、これに基づく改正案を作成すること。

◎改正対象条例
　　　　生活困窮者自立支援条例（平成25年○○県条例第51号）

目次
　第1章　総則（第1条—第3条）
　第2章　県及び市等による支援の実施（第4条—第9条）
　第3章　生活困窮者就労訓練事業の認定（第10条）
　第4章　雑則（第11条—第19条）
　第5章　罰則（第20条—第23条）
　附則
　　　第1章　総則
（目的）
第1条　この条例は、生活困窮者自立相談支援事業の実施、生活困窮者住居確保給付金の支給その他の生活困窮者に対する自立の支援に関する措置を講ずることにより、生活困窮者の自立の促進を図ることを目的とする。
（定義）
第2条　この条例において「生活困窮者」とは、現に経済的に困窮し、最低限度の生活を維持することができなくなるおそれのある者をいう。
2　この条例において「生活困窮者自立相談支援事業」とは、次に掲げる事業をいう。
　（1）就労の支援その他の自立に関する問題につき、生活困窮者からの相談に応じ、必要な情報の提供及び助言を行う事業
　（2）生活困窮者に対し、認定生活困窮者就労訓練事業（第10条第3項に規定する認定生活困窮者就労事業をいう。）の利用についてのあっせんを行う事業
　（3）生活困窮者に対し、当該生活困窮者に対する支援の種類及び内容その他の規則で定める事項を記載した計画の作成その他の生活困窮者の自立の促進を図るための支援が一体的かつ計画的に行われるための援助として規則で定めるものを行う事業
3　この条例において「生活困窮者住居確保給付金」とは、・・・・に対し支給する給付金をいう。
4　この条例において「生活困窮者就労準備支援事業」とは、・・・・必要な訓練を行う事業をいう。

5　この条例において「生活困窮者一時生活支援事業」とは、・・・・便宜を供与する事業をいう。

6　この条例において「生活困窮者家計相談支援事業」とは、・・・・のあっせんを行う事業・・・をいう。

（県及び市等の責務）

第３条　市及び福祉事務所（社会福祉法（昭和26年法律第45号）に規定する福祉に関する事務所をいう。以下同じ。）を設置する町村（以下「市等」という。）は、この条例の実施に関し、公共職業安定所その他の関係機関（次項第２号において単に「関係機関」という。）との緊密な連携を図りつつ、適切に生活困窮者自立相談支援事業及び生活困窮者住居確保給付金の支給を行う責務を有する。

2　県は、この条例に基づく事業の実施に関し、次に掲げる責務を有する。

（1）　市等が行う生活困窮者自立相談支援事業及び生活困窮者住居確保給付金の支給並びに生活困窮者就労準備支援事業、生活困窮者一時生活支援事業、生活困窮者家計相談支援事業その他生活困窮者の自立の促進を図るために必要な事業が適正かつ円滑に行われるよう、市等に対する必要な助言、情報の提供その他の援助を行うこと。

（2）　関係機関との緊密な連携を図りつつ、適切に生活困窮者自立相談支援事業及び生活困窮者住居確保給付金の支給を行うこと。

3　［略］

第２章　県及び市等による支援の実施

（生活困窮者自立相談支援事業）

第４条　県及び市等は、生活困窮者自立相談支援事業を行う。

2・3　［略］

（生活困窮者住居確保給付金の支給）

第５条　県及び市等は、その設置する福祉事務所の所管区域内に居住地を有する生活困窮者のうち第２条第３項に規定するものに対し、・・・生活困窮者住居確保給付金を支給するものとする。

2　［略］

（生活困窮者就労準備支援事業等）

第６条　県及び市等は、生活困窮者自立相談支援事業及び生活困窮者住居確保給付金の支給のほか、次に掲げる事業を行うものとする。

（1）　生活困窮者就労準備支援事業

（2）　生活困窮者一時生活支援事業

（３）　生活困窮者家計相談支援事業

（４）　生活困窮者である子どもに対し学習の援助を行う事業

（５）　その他生活困窮者の自立の促進を図るために必要な事業

２　第４条第２項及び第３項の規定は、前項の規定により県及び市等が行う事業について準用する。

（市等の支弁）

第７条　次に掲げる費用は、市等の支弁とする。

（１）　第４条第１項の規定により市等が行う生活困窮者自立相談支援事業の実施に要する費用

（２）　第５条第１項の規定により市等が行う生活困窮者住居確保給付金の支給に要する費用

（３）　前条第１項の規定により市等が行う生活困窮者就労準備支援事業及び生活困窮者一時生活支援事業の実施に要する費用

（４）　前条第１項の規定により市等が行う生活困窮者家計改善支援事業並びに同項第４号及び第５号に掲げる事業の実施に要する費用

（県の支弁）

第８条　次に掲げる費用は、県の支弁とする。

（１）　第４条第１項の規定により県が行う生活困窮者自立相談支援事業の実施に要する費用

（２）　第５条第１項の規定により県が行う生活困窮者住居確保給付金の支給に要する費用

（３）　第６条第１項の規定により県が行う生活困窮者就労準備支援事業及び生活困窮者一時生活支援事業の実施に要する費用

（４）　第６条第１項の規定により県が行う生活困窮者家計相談支援事業並びに同項第４号及び第５号に掲げる事業の実施に要する費用

（負担及び補助）

第９条　県は、予算で定めるところにより、次に掲げるものの４分の１を負担する。

（１）　第７条の規定により市等が支弁する同条第１号に掲げる費用のうち・・・算定した額

（２）　第７条の規定により市等が支弁する費用のうち、同条第２号に掲げる費用

２　県は、予算の範囲内において、規則で定めるところにより、次に掲げるものを補助することができる。

（１）　第７条の規定により市等が支弁する費用のうち同条第３号に掲げる費用の

3分の1以内

（2）　第7条の規定により市等が支弁する費用のうち同条第4号に掲げる費用の
　　　2分の1以内

　　　第3章　生活困窮者就労訓練事業の認定

第10条　雇用による就業を継続して行うことが困難な生活困窮者に対し、就労の機
　　会を提供するとともに、就労に必要な知識及び能力の向上のために必要な訓練そ
　　の他の規則で定める便宜を供与する事業（以下この条において「生活困窮者就労
　　訓練事業」という。）を行う者は、規則で定めるところにより、当該生活困窮者就
　　労訓練事業が生活困窮者の就労に必要な知識及び能力の向上のための基準として
　　規則で定める基準に適合していることにつき、知事の認定を受けることができる。

2　　知事は、生活困窮者就労訓練事業が前項の基準に適合していると認めるときは、
　　同項の認定をするものとする。

3　　知事は、第1項の認定に係る生活困窮者就労訓練事業（第15条第2項において「認
　　定生活困窮者就労訓練事業」という。）が第1項の基準に適合しないものとなった
　　と認めるときは、同項の認定を取り消すことができる。

　　　　第4章　雑則

（雇用の機会の確保）

第11条　県及び市等は、生活困窮者の雇用の機会の確保を図るため、職業訓練の実
　　施、就職のあっせんその他の必要な措置を講ずるように努める。

2～4　［略］

（不正利得の徴収）

第12条　偽りその他不正の手段により生活困窮者住居確保給付金の支給を受けた者
　　があるときは、県及び市等は、その者から、その支給を受けた生活困窮者住居確
　　保給付金の額に相当する金額の全部又は一部を徴収することができる。

2　　前項の規定による徴収金は、・・・歳入とする。

（受給権の保護）

第13条　生活困窮者住居確保給付金の支給を受けることとなった者の当該支給を受
　　ける権利は、譲り渡し、担保に供し、又は差し押さえることができない。

（公課の禁止）

第14条　租税その他の公課は、生活困窮者住居確保給付金として支給を受けた金銭
　　を標準として課することができない。

（報告等）

第15条　県及び市等は、生活困窮者住居確保給付金の支給に関して必要があると認

めるときは、この条例の施行に必要な限度において、当該生活困窮者住居確保給付金の支給を受けた生活困窮者又は生活困窮者であった者に対し、報告若しくは文書その他の物件の提出若しくは提示を命じ、又は当該職員に質問させることができる。

2　知事は、この条例の施行に必要な限度において、認定生活困窮者就労訓練事業を行う者又は認定生活困窮者就労訓練事業を行っていた者に対し、報告を求めることができる。

3・4　〔略〕

（資料の提供等）

第16条　県及び市等は、生活困窮者住居確保給付金の支給又は生活困窮者就労準備支援事業若しくは生活困窮者一時生活支援事業の実施に関して必要があると認めるときは、・・・必要な文書の閲覧若しくは資料の提供を求め、又は・・・関係者に報告を求めることができる。

2　県及び市等は、生活困窮者住居確保給付金の支給に関して必要があると認めるときは、・・・報告を求めることができる。

（町村の一部事務組合等）

第17条　町村が一部事務組合又は広域連合を設けて福祉事務所を設置した場合には、この条例の適用については、その一部事務組合又は広域連合を福祉事務所を設置する町村とみなす。

（中核市の特例）

第18条　〔略〕

（実施規定）

第19条　この条例に特別の規定があるものを除くほか、この条例の実施のための手続その他その執行について必要な細則は、規則で定める。

　　　　第5章　罰則

第20条　偽りその他不正の手段により生活困窮者住居確保給付金の支給を受け、又は他人をして受けさせた者は、2年以下の懲役又は100万円以下の罰金に処する。

第21条　第4条第3項（第6条第2項において準用する場合を含む。）の規定に違反した者は、1年以下の懲役又は100万円以下の罰金に処する。

第22条　次の各号のいずれかに該当する者は、30万円以下の罰金に処する。

（1）　第15条第1項の規定による命令に違反して、報告若しくは物件の提出若しくは提示をせず、若しくは虚偽の報告若しくは虚偽の物件の提出若しくは提示をし、又は同項の規定による当該職員の質問に対して、答弁せず、若しく

は虚偽の答弁をした者

（2）　第15条第2項の規定による報告をせず、又は虚偽の報告をした者

第23条　法人の代表者又は法人若しくは人の代理人、使用人その他の従業者が、その法人又は人の業務に関して第20条又は前条第2号の違反行為をしたときは、行為者を罰するほか、その法人又は人に対して各本条の罰金刑を科する。

〔附則　略〕

◎改正案要綱

生活困窮者自立支援条例の一部を改正する条例案要綱

生活困窮者自立支援条例（平成25年○○県条例第51号）の一部を次のように改正するものとする。

第1　基本理念を定めるものとする。

1　生活困窮者に対する自立の支援は、生活困窮者の尊厳の保持を図りつつ、生活困窮者の就労の状況、心身の状況、地域社会からの孤立の状況その他の状況に応じて、包括的かつ早期に行われなければならないものとする。（第2条第1項関係）

2　生活困窮者に対する自立の支援は、地域における福祉、就労、教育、住宅その他の生活困窮者に対する支援に関する業務を行う関係機関（以下単に「関係機関」という。）及び民間団体との緊密な連携その他必要な支援体制の整備に配慮して行われなければならないものとする。（第2条第2項関係）

第2　生活困窮者の定義の見直し

生活困窮者の定義について、経済的困窮に至る要因として、「就労の状況、心身の状況、地域社会との関係性その他の事情」を明記するものとする。（第3条第1項関係）

第3　事業の見直し

1　生活困窮者自立相談支援事業につき、生活困窮者及び生活困窮者の家族その他の関係者からの相談に応じて情報の提供及び助言をし、並びに関係機関との連絡調整を行い、また、支援が包括的かつ計画的に行われるための援助として規則で定める事業とするものとする。（第3条第2項関係）

2　生活困窮者家計相談支援事業に代え、生活困窮者家計改善支援事業を行うものとする。

生活困窮者家計改善支援事業とは、生活困窮者に対し、収入、支出その他家計の状況を適切に把握すること及び家計の改善の意欲を高めることを支援するとともに、生活に必要な資金の貸付けのあっせんを行う事業をいうものとする。（第3条第5項関係）

3　県の責務として、市等に対する援助を行う対象事業として、生活困窮者家計改善支援事業及び生活困窮者である子どもに対し学習の援助を行う事業を加えるものとする。（第4条第2項関係）

4　県及び市等の努力義務として次の事項を加えるものとする。（第4条第4項及び第5項関係）

（1）　県及び市等は、この条例の実施に関し、生活困窮者が生活困窮者に対する自立の支援を早期に受けることができるよう、広報その他必要な措置を講ずるように努めるものとする。

（2）　県及び市等は、この条例の実施に関し、生活困窮者に対する自立の支援を適切に行うために必要な人員を配置するように努めるものとする。

第4　県及び市等による生活困窮者就労準備支援事業等の実施の努力義務化及びその適切な実施に係る指針の公表

（1）　県及び市等は、生活困窮者自立相談支援事業及び生活困窮者住居確保給付金の支給のほか、生活困窮者就労準備支援事業及び生活困窮者家計改善支援事業を行うように努めるものとする。（第7条第1項関係）

（2）　県及び市等は、実施努力対象の事業及び給付金の支給並びに行うことができるとされる事業を行うに当たっては、母子及び父子並びに寡婦福祉法（昭和39年法律第129号）第31条の5第1項第2号に掲げる業務及び同法第31条の11第1項第2号に掲げる業務並びに社会教育法（昭和24年法律第207号）第5条第1項第13号（同法第6条第2項において準用する場合を含む。）に規定する学習の機会を提供する事業その他関連する施策との連携を図るように努めるものとする。（第7条第4項関係）

（3）　知事は、生活困窮者就労準備支援事業及び生活困窮者家計改善支援事業の適切な実施を図るために必要な指針を公表するものとする。（第7条第5項関係）

第5　利用干渉など

県及び市等は、福祉、就労、教育、税務、住宅その他のその所掌事務に関する業務の遂行に当たって、生活困窮者を把握したときは、当該生活困窮者に対し、この条例に基づく事業の利用及び給付金の受給の勧奨その他適切な

措置を講ずるように努めるものとする。（第8条関係）

第6　支援会議の設置

（1）　県及び市等は、関係機関、県及び市等から生活困窮者自立相談支援事業等の委託を受けた者、生活困窮者に対する支援に関係する団体、当該支援に関係する職務に従事する者その他の関係者により構成される会議（以下この条において「支援会議」という。）を組織することができるものとする。（第9条第1項関係）

（2）　〔3項目　略〕（第9条第2項～第4項関係）

（3）　支援会議の事務に従事する者又は従事していた者は、正当な理由がなく、支援会議の事務に関して知り得た秘密を漏らしてはならないものとする。（第9条第5項関係）

（4）　前各項に定めるもののほか、支援会議の組織及び運営に関し必要な事項は、支援会議が定めるものとする。（第9条第6項関係）

第7　県の市等の職員に対する研修等事業の創設

1　県は、次に掲げる事業を行うように努めるものとする。（第10条第1項関係）

（1）　この条例の実施に関する事務に従事する市等の職員の資質を向上させるための研修の事業

（2）　この条例に基づく事業又は給付金の支給を効果的かつ効率的に行うための体制の整備、支援手法に関する市等に対する情報提供、助言その他の事業

2　1の事業に要する費用は、県の支弁とするものとする。（第13条第5号関係）

第8　福祉事務所を設置していない町村による相談等を行う事業の創設

（1）　福祉事務所を設置していない町村は、生活困窮者に対する自立の支援につき、生活困窮者及び生活困窮者の家族その他の関係者からの相談に応じ、必要な情報の提供及び助言、県との連絡調整、生活困窮者自立相談支援事業の利用の勧奨その他必要な援助を行う事業を行うことができるものとする。（第11条関係）

（2）　当該事業の実施に要する費用は、当該町村の支弁とするものとする。（第14条関係）

第9　県の補助

（1）　県が補助することができるもののほか、県は、予算の範囲内において、規則で定めるところにより、第8（3）の規定により福祉事務所未設置町村が支弁する費用の4分の1以内を補助することができるものとする。

（第15条第３項関係）

（２）　生活困窮者就労準備支援事業及び生活困窮者家計改善支援事業が効果的かつ効率的に行われている場合として規則で定める場合に該当するときは、その費用について・・・補助することができるものとする。（第15条第４項関係、同条第２項の読替適用）

第10　認定生活困窮者就労訓練事業受注の機会増大

　　県及び市等は、認定生活困窮者就労訓練事業を行う者の受注の機会の増大を図るように努めるものとする。（第16条第４項関係）

第11　情報提供等

　　県及び市等は、生活困窮者自立支援条例に基づく事業及び給付金の支給を行うに当たって、生活保護法第６条第２項に規定する要保護者となるおそれが高い者を把握したときは、当該者に対し、同法に基づく保護又は給付金若しくは事業についての情報の提供、助言その他適切な措置を講ずるものとする。（第23条関係）

第12　整理等

　　以上の改正に伴い必要な条文上の整理を行うものとする。

〔附則関係　略〕

[新旧対照表例]

改正前	改正後
目次	目次
第1章　総則（第1条—第3条）	第1章　総則（第1条—第4条）
第2章　県及び市等による支援の実施	第2章　県及び市等による支援の実施
（第4条—第9条）	（第5条—第15条）
第3章　生活困窮者就労訓練事業の認定	第3章　生活困窮者就労訓練事業の認定
（第10条）	（第16条）
第4章　雑則（第11条—第19条）	第4章　雑則（第17条—第26条）
第5章　罰則（第20条—第23条）	第5章　罰則（第27条—第30条）
附則	附則
第1章　総則	第1章　総則
（目的）	（目的）
第1条　この条例は、生活困窮者自立相談支援事業の実施、生活困窮者住居確保給付金の支給その他の生活困窮者に対する自立の支援に関する措置を講ずることにより、生活困窮者の自立の促進を図ることを目的とする。	第1条　この条例は、生活困窮者自立相談支援事業の実施、生活困窮者住居確保給付金の支給その他の生活困窮者に対する自立の支援に関する措置を講ずることにより、生活困窮者の自立の促進を図ることを目的とする。
	（基本理念）
	第2条　生活困窮者に対する自立の支援は、生活困窮者の尊厳の保持を図りつつ、生活困窮者の就労の状況、心身の状況、地域社会からの孤立の状況その他の状況に応じて、包括的かつ早期に行われなければならない。
	2　生活困窮者に対する自立の支援は、地域における福祉、就労、教育、住宅その他の生活困窮者に対する支援に関する業務を行う関係機関（以下単に「関係機関」という。）及び民間団体との緊密な連携その他必要な支援体制の整備に配慮して行われなければならない。
（定義）	（定義）

第2条　この条例において「生活困窮者」とは、現に経済的に困窮し、最低限度の生活を維持することができなくなるおそれのある者をいう。	第3条　この条例において「生活困窮者」とは、<u>就労の状況、心身の状況、地域社会との関係性その他の事情により</u>、現に経済的に困窮し、最低限度の生活を維持することができなくなるおそれのある者をいう。
2　この条例において「生活困窮者自立相談支援事業」とは、次に掲げる事業をいう。	2　この条例において「生活困窮者自立相談支援事業」とは、次に掲げる事業をいう。
（1）　就労の支援その他の自立に関する問題につき、生活困窮者からの相談に応じ、必要な情報の提供及び助言を行う事業	（1）　就労の支援その他の自立に関する問題につき、生活困窮者<u>及び生活困窮者の家族その他の関係者</u>からの相談に応じ、必要な情報の提供及び助<u>言をし、並びに関係機関との連絡調整</u>を行う事業
（2）　生活困窮者に対し、認定生活困窮者就労訓練事業（<u>第10条第3項</u>に規定する認定生活困窮者就労事業をいう。）の利用についてのあっせんを行う事業	（2）　生活困窮者に対し、認定生活困窮者就労訓練事業（<u>第16条第3項</u>に規定する認定生活困窮者就労訓練事業をいう。）の利用についてのあっせんを行う事業
（3）　生活困窮者に対し、<u>当該生活困窮者</u>に対する支援の種類及び内容その他の規則で定める事項を記載した計画の作成その他の生活困窮者の自立の促進を図るための支援が<u>一体的</u>かつ計画的に行われるための援助として規則で定めるものを行う事業	（3）　生活困窮者に対し、生活困窮者に対する支援の種類及び内容その他の規則で定める事項を記載した計画の作成その他の生活困窮者の自立の促進を図るための支援が<u>包括的</u>かつ計画的に行われるための援助として規則で定めるものを行う事業
3　この条例において「生活困窮者住居確保給付金」とは、・・・・に対し支給する給付金をいう。	3　この条例において「生活困窮者住居確保給付金」とは、・・・・に対し支給する給付金をいう。
4　この条例において「生活困窮者就労準備支援事業」とは、・・・・必要な訓練を行う事業をいう。	4　この条例において「生活困窮者就労準備支援事業」とは、・・・・必要な訓練を行う事業をいう。
	<u>5　この条例において「生活困窮者家計改</u>

5　この条例において「生活困窮者一時生活支援事業」とは、・・・・便宜を供与する事業をいう。

6　この条例において「生活困窮者家計相談支援事業」とは、・・・・のあっせんを行う事業・・・をいう。

（県及び市等の責務）

第3条　市及び福祉事務所（社会福祉法（昭和26年法律第45号）に規定する福祉に関する事務所をいう。以下同じ。）を設置する町村（以下「市等」という。）は、この条例の実施に関し、公共職業安定所その他の関係機関（次項第2号において単に「関係機関」という。）との緊密な連携を図りつつ、適切に生活困窮者自立相談支援事業及び生活困窮者住居確保給付金の支給を行う責務を有する。

2　県は、この条例に基づく事業の実施に関し、次に掲げる責務を有する。

（1）　市等が行う生活困窮者自立相談支援事業及び生活困窮者住居確保給付金の支給並びに生活困窮者就労準備支援事業、生活困窮者一時生活支援事業、生活困窮者家計相談支援事業その他生活困窮者の自立の促進を図るために必要な事業が適正かつ円滑に行われるよう、市等に対する必要な助言、情報の提供その他の援助を

善支援事業」とは、生活困窮者に対し、収入、支出その他家計の状況を適切に把握すること及び家計の改善の意欲を高めることを支援するとともに、生活に必要な資金の貸付けのあっせんを行う事業をいう。

6　この条例において「生活困窮者一時生活支援事業」とは、・・・・便宜を供与する事業をいう。

（県及び市等の責務）

第4条　市及び福祉事務所（社会福祉法（昭和26年法律第45号）に規定する福祉に関する事務所をいう。以下同じ。）を設置する町村（以下「市等」という。）は、この条例の実施に関し、関係機関との緊密な連携を図りつつ、適切に生活困窮者自立相談支援事業及び生活困窮者住居確保給付金の支給を行う責務を有する。

2　県は、この条例の実施に関し、次に掲げる責務を有する。

（1）　市等が行う生活困窮者自立相談支援事業及び生活困窮者住居確保給付金の支給、生活困窮者就労準備支援事業及び生活困窮者家計改善支援事業並びに生活困窮者一時生活支援事業、生活困窮者である子どもに対し学習の援助を行う事業及びその他の生活困窮者の自立の促進を図るために必要な事業が適正かつ円

行うこと。	滑に行われるよう、市等に対する必要な助言、情報の提供その他の援助を行うこと。
（2）　関係機関との緊密な連携を図りつつ、適切に生活困窮者自立相談支援事業及び生活困窮者住居確保給付金の支給を行うこと。	（2）　関係機関との緊密な連携を図りつつ、適切に生活困窮者自立相談支援事業及び生活困窮者住居確保給付金の支給を行うこと。
3　［略］	3　［略］
	<u>4　県及び市等は、この条例の実施に関し、生活困窮者が生活困窮者に対する自立の支援を早期に受けることができるよう、広報その他必要な措置を講ずるように努めるものとする。</u>
	<u>5　県及び市等は、この条例の実施に関し、生活困窮者に対する自立の支援を適切に行うために必要な人員を配置するように努めるものとする。</u>
第2章　県及び市等による支援の実施	第2章　県及び市等による支援の実施
（生活困窮者自立相談支援事業）	（生活困窮者自立相談支援事業）
<u>第4条</u>　県及び市等は、生活困窮者自立相談支援事業を行う。	<u>第5条</u>　県及び市等は、生活困窮者自立相談支援事業を行う。
2・3　［略］	2・3　［略］
（生活困窮者住居確保給付金の支給）	（生活困窮者住居確保給付金の支給）
<u>第5条</u>　県及び市等は、その設置する福祉事務所の所管区域内に居住地を有する生活困窮者のうち<u>第2条第3項</u>に規定するものに対し、・・・生活困窮者住居確保給付金を支給するものとする。	<u>第6条</u>　県及び市等は、その設置する福祉事務所の所管区域内に居住地を有する生活困窮者のうち<u>第3条第3項</u>に規定するものに対し、生活困窮者住居確保給付金を支給するものとする。
2　［略］	2　［略］
（生活困窮者就労準備支援事業等）	（生活困窮者就労準備支援事業等）
<u>第6条</u>	<u>第7条</u>　県及び市等は、生活困窮者自立相談支援事業及び生活困窮者住居確保給付金の支給のほか、生活困窮者就労準備支

県及び市等は、生活困窮者自立相談支援事業及び生活困窮者住居確保給付金の支給のほか、次に掲げる事業を行うものとする。

（１）　生活困窮者就労準備支援事業

（２）　生活困窮者一時生活支援事業

（３）　生活困窮者家計相談支援事業

（４）　生活困窮者である子どもに対し学習の援助を行う事業

（５）　その他生活困窮者の自立の促進を図るために必要な事業

2　第４条第２項及び第３項の規定は、前項の規定により県及び市等が行う事業について準用する。

援事業及び生活困窮者家計改善支援事業を行うように努めるものとする。

2　県及び市等は、前項に規定するもののほか、次に掲げる事業を行うことができる。

（１）　生活困窮者一時生活支援事業

（２）　生活困窮者である子どもに対し学習の援助を行う事業

（３）　その他の生活困窮者の自立の促進を図るために必要な事業

3　第５条第２項及び第３項の規定は、前２項の規定により県及び市等が行う事業について準用する。

4　県及び市等は、第１項に規定する事業及び給付金の支給並びに第２項各号に掲げる事業を行うに当たっては、母子及び父子並びに寡婦福祉法（昭和39年法律第129号）第31条の５第１項第２号に掲げる業務及び同法第31条の11第１項第２号に掲げる業務並びに社会教育法（昭和24年法律第207号）第５条第１項第13号（同法第６条第２項において準用する場合を含む。）に規定する学習の機会を提供する事業その他関連する施策との連携を図るように努めるものとする。

5　知事は、生活困窮者就労準備支援事業及び生活困窮者家計改善支援事業の適切な実施を図るために必要な指針を公表するものとする。

（利用勧奨等）

第８条　県及び市等は、・・・、生活困窮者を把握したときは、当該生活困窮者に対

し、・・・その他適切な措置を講ずるよ
うに努めるものとする。

（支援会議）

第9条　県及び市等は、関係機関、・・・
その他の関係者により構成される会議
（以下この条において「支援会議」とい
う。）を組織することができる。

2～4　［略］

5　支援会議の事務に従事する者又は従事
していた者は、正当な理由がなく、支援
会議の事務に関して知り得た秘密を漏ら
してはならない。

6　前各項に定めるもののほか、支援会議
の組織及び運営に関し必要な事項は、支
援会議が定める。

（県の市等の職員に対する研修等事業）

第10条　県は、次に掲げる事業を行うよう
に努めるものとする。

（1）　この条例の実施に関する事務に従
事する市等の職員の資質を向上させ
るための研修の事業

（2）　この条例に基づく事業又は給付金
の支給を効果的かつ効率的に行うた
めの体制の整備、支援手法に関する
市等に対する情報提供、助言その他
の事業

（福祉事務所を設置していない町村によ
る相談等）

第11条　福祉事務所を設置していない町村
（第14条及び第15条第3項において「福
祉事務所未設置町村」という。）は、生
活困窮者に対する自立の支援につき、生
活困窮者及び生活困窮者の家族その他の
関係者からの相談に応じ、必要な情報の

（市等の支弁）

第7条　次に掲げる費用は、市等の支弁とする。

（1）　第4条第1項の規定により市等が行う生活困窮者自立相談支援事業の実施に要する費用

（2）　第5条第1項の規定により市等が行う生活困窮者住居確保給付金の支給に要する費用

（3）　前条第1項の規定により市等が行う生活困窮者就労準備支援事業及び生活困窮者一時生活支援事業の実施に要する費用

（4）　前条第1項の規定により市等が行う生活困窮者家計相談支援事業並びに同項第4号及び第5号に掲げる事業の実施に要する費用

（県の支弁）

第8条　次に掲げる費用は、県の支弁とする。

（1）　第4条第1項の規定により県が行う生活困窮者自立相談支援事業の実施に要する費用

（2）　第5条第1項の規定により県が行う生活困窮者住居確保給付金の支給に要する費用

（3）　第6条第1項の規定により県が行う生活困窮者就労準備支援事業及び生活困窮者一時生活支援事業の実施に要する費用

提供及び助言、県との連絡調整、生活困窮者自立相談支援事業の利用の勧奨その他必要な援助を行う事業を行うことができる。

2　［略］

（市等の支弁）

第12条　次に掲げる費用は、市等の支弁とする。

（1）　第5条第1項の規定により市等が行う生活困窮者自立相談支援事業の実施に要する費用

（2）　第6条第1項の規定により市等が行う生活困窮者住居確保給付金の支給に要する費用

（3）　第7条第1項及び第2項の規定により市等が行う生活困窮者就労準備支援事業及び生活困窮者一時生活支援事業の実施に要する費用

（4）　第7条第1項及び第2項の規定により市等が行う生活困窮者家計改善支援事業並びに同項第2号及び第3号に掲げる事業の実施に要する費用

（県の支弁）

第13条　次に掲げる費用は、県の支弁とする。

（1）　第5条第1項の規定により県が行う生活困窮者自立相談支援事業の実施に要する費用

（2）　第6条第1項の規定により県が行う生活困窮者住居確保給付金の支給に要する費用

（3）　第7条第1項及び第2項の規定により県が行う生活困窮者就労準備支援事業及び生活困窮者一時生活支援事業の実施に要する費用

（4）　第6条第1項の規定により県が行う生活困窮者家計相談支援事業並びに同項第4号及び第5号に掲げる事業の実施に要する費用

（負担及び補助）

第9条　県は、予算で定めるところにより、次に掲げるものの4分の1を負担する。

（1）　第7条の規定により市等が支弁する同条第1号に掲げる費用のうち・・・算定した額

（2）　第7条の規定により市等が支弁する費用のうち、同条第2号に掲げる費用

2　県は、予算の範囲内において、規則で定めるところにより、次に掲げるものを補助することができる。

（1）　第7条の規定により市等が支弁する費用のうち同条第3号に掲げる費用の3分の1以内

（2）　第7条の規定により市等が支弁する費用のうち同条第4号に掲げる費用の2分の1以内

（4）　第7条第1項及び第2項の規定により県が行う生活困窮者家計改善支援事業並びに同項第2号及び第3号に掲げる事業の実施に要する費用

（5）　第10条の規定により県が行う事業の実施に要する費用

（福祉事務所未設置町村の支弁）

第14条　第11条の規定により福祉事務所未設置町村が行う事業の実施に要する費用は、福祉事務所未設置町村の支弁とする。

（負担及び補助）

第15条　県は、予算で定めるところにより、次に掲げるものの4分の1を負担する。

（1）　第12条の規定により市等が支弁する同条第1号に掲げる費用のうち・・・算定した額

（2）　第12条の規定により市等が支弁する費用のうち、同条第2号に掲げる費用

2　県は、予算の範囲内において、規則で定めるところにより、次に掲げるものを補助することができる。

（1）　第12条の規定により市等が支弁する費用のうち同条第3号に掲げる費用の3分の1以内

（2）　第12条の規定により市等が支弁する費用のうち同条第4号に掲げる費用の2分の1以内

3　前項に規定するもののほか、県は、予算の範囲内において、規則で定めるところにより、前条の規定により福祉事務所未設置町村が支弁する費用の4分の1以内を補助することができる。

4　生活困窮者就労準備支援事業及び生活

第3章 生活困窮者就労訓練事業の認定

第10条 雇用による就業を継続して行うことが困難な生活困窮者に対し、就労の機会を提供するとともに、就労に必要な知識及び能力の向上のために必要な訓練その他の規則で定める便宜を供与する事業（以下この条において「生活困窮者就労訓練事業」という。）を行う者は、規則で定めるところにより、当該生活困窮者就労訓練事業が生活困窮者の就労に必要な知識及び能力の向上のための基準として規則で定める基準に適合していることにつき、知事の認定を受けることができる。

2　知事は、生活困窮者就労訓練事業が前項の基準に適合していると認めるときは、同項の認定をするものとする。

3　知事は、第1項の認定に係る生活困窮者就労訓練事業（第15条第2項において「認定生活困窮者就労訓練事業」という。）が第1項の基準に適合しないものとなったと認めるときは、同項の認定を取り消すことができる。

第4章 雑則

（雇用の機会の確保）

第11条 県及び市等は、生活困窮者の雇用

困窮者家計改善支援事業が効果的かつ効率的に行われている場合として規則で定める場合に該当するときは、第2項の規定の適用については、・・・とする。

第3章 生活困窮者就労訓練事業の認定

第16条 雇用による就業を継続して行うことが困難な生活困窮者に対し、就労の機会を提供するとともに、就労に必要な知識及び能力の向上のために必要な訓練その他の規則で定める便宜を供与する事業（以下この条において「生活困窮者就労訓練事業」という。）を行う者は、規則で定めるところにより、当該生活困窮者就労訓練事業が生活困窮者の就労に必要な知識及び能力の向上のための基準として規則で定める基準に適合していることにつき、知事の認定を受けることができる。

2　知事は、生活困窮者就労訓練事業が前項の基準に適合していると認めるときは、同項の認定をするものとする。

3　知事は、第1項の認定に係る生活困窮者就労訓練事業（次項及び第21条第2項において「認定生活困窮者就労訓練事業」という。）が第1項の基準に適合しないものとなったと認めるときは、同項の認定を取り消すことができる。

4　県及び市等は、認定生活困窮者就労訓練事業を行う者の受注の機会の増大を図るように努めるものとする。

第4章 雑則

（雇用の機会の確保）

第17条 県及び市等は、生活困窮者の雇用

の機会の確保を図るため、職業訓練の実施、就職のあっせんその他の必要な措置を講ずるように努める。

2～4　［略］

（不正利得の徴収）

第12条　偽りその他不正の手段により生活困窮者住居確保給付金の支給を受けた者があるときは、県及び市等は、その者から、その支給を受けた生活困窮者住居確保給付金の額に相当する金額の全部又は一部を徴収することができる。

2　前項の規定による徴収金は、・・・歳入とする。

（受給権の保護）

第13条　生活困窮者住居確保給付金の支給を受けることとなった者の当該支給を受ける権利は、譲り渡し、担保に供し、又は差し押さえることができない。

（公課の禁止）

第14条　租税その他の公課は、生活困窮者住居確保給付金として支給を受けた金銭を標準として課することができない。

（報告等）

第15条　県及び市等は、生活困窮者住居確保給付金の支給に関して必要があると認めるときは、この条例の施行に必要な限度において、当該生活困窮者住居確保給付金の支給を受けた生活困窮者又は生活困窮者であった者に対し、報告若しくは文書その他の物件の提出若しくは提示を命じ、又は当該職員に質問させることができる。

2　知事は、この条例の施行に必要な限度において、認定生活困窮者就労訓練事業

の機会の確保を図るため、職業訓練の実施、就職のあっせんその他の必要な措置を講ずるように努める。

2～4　［略］

（不正利得の徴収）

第18条　偽りその他不正の手段により生活困窮者住居確保給付金の支給を受けた者があるときは、県及び市等は、その者から、その支給を受けた生活困窮者住居確保給付金の額に相当する金額の全部又は一部を徴収することができる。

2　前項の規定による徴収金は、・・・歳入とする。

（受給権の保護）

第19条　生活困窮者住居確保給付金の支給を受けることとなった者の当該支給を受ける権利は、譲り渡し、担保に供し、又は差し押さえることができない。

（公課の禁止）

第20条　租税その他の公課は、生活困窮者住居確保給付金として支給を受けた金銭を標準として課することができない。

（報告等）

第21条　県及び市等は、生活困窮者住居確保給付金の支給に関して必要があると認めるときは、この条例の施行に必要な限度において、当該生活困窮者住居確保給付金の支給を受けた生活困窮者又は生活困窮者であった者に対し、報告若しくは文書その他の物件の提出若しくは提示を命じ、又は当該職員に質問させることができる。

2　知事は、この条例の施行に必要な限度において、認定生活困窮者就労訓練事業

を行う者又は認定生活困窮者就労訓練事業を行っていた者に対し、報告を求めることができる。 ３・４　［略］ （資料の提供等） 第16条　県及び市等は、生活困窮者住居確保給付金の支給又は生活困窮者就労準備支援事業若しくは生活困窮者一時生活支援事業の実施に関して必要があると認めるときは、・・・必要な文書の閲覧若しくは資料の提供を求め、又は・・・関係者に報告を求めることができる。 ２　県及び市等は、生活困窮者住居確保給付金の支給に関して必要があると認めるときは、・・・報告を求めることができる。	を行う者又は認定生活困窮者就労訓練事業を行っていた者に対し、報告を求めることができる。 ３・４　［略］ （資料の提供等） 第22条　県及び市等は、生活困窮者住居確保給付金の支給又は生活困窮者就労準備支援事業若しくは生活困窮者一時生活支援事業の実施に関して必要があると認めるときは、・・・必要な文書の閲覧若しくは資料の提供を求め、又は・・・関係者に報告を求めることができる。 ２　県及び市等は、生活困窮者住居確保給付金の支給に関して必要があると認めるときは、・・・報告を求めることができる。 （情報提供等） 第23条　県及び市等は、第７条第１項に規定する事業及び給付金の支給並びに同条第２項各号に掲げる事業を行うに当たって、生活保護法第６条第２項に規定する要保護者となるおそれが高い者を把握したときは、当該者に対し、同法に基づく保護又は給付金若しくは事業についての情報の提供、助言その他適切な措置を講ずるものとする。
（町村の一部事務組合等） 第17条　町村が一部事務組合又は広域連合を設けて福祉事務所を設置した場合には、この条例の適用については、その一部事務組合又は広域連合を福祉事務所を設置する町村とみなす。 （中核市の特例） 第18条　［略］ （実施規定）	（町村の一部事務組合等） 第24条　町村が一部事務組合又は広域連合を設けて福祉事務所を設置した場合には、この条例の適用については、その一部事務組合又は広域連合を福祉事務所を設置する町村とみなす。 （中核市の特例） 第25条　［略］ （実施規定）

第19条　この条例に特別の規定があるものを除くほか、この条例の実施のための手続その他その執行について必要な細則は、規則で定める。

　　　第5章　罰則

第20条　偽りその他不正の手段により生活困窮者住居確保給付金の支給を受け、又は他人をして受けさせた者は、2年以下の懲役又は100万円以下の罰金に処する。

第21条　第4条第3項（第6条第2項において準用する場合を含む。）の規定に違反した者は、1年以下の懲役又は100万円以下の罰金に処する。

第22条　次の各号のいずれかに該当する者は、30万円以下の罰金に処する。

（1）　第15条第1項の規定による命令に違反して、報告若しくは物件の提出若しくは提示をせず、若しくは虚偽の報告若しくは虚偽の物件の提出若しくは提示をし、又は同項の規定による当該職員の質問に対して、答弁せず、若しくは虚偽の答弁をした者

（2）　第15条第2項の規定による報告をせず、又は虚偽の報告をした者

第23条　法人の代表者又は法人若しくは人の代理人、使用人その他の従業者が、その法人又は人の業務に関して第20条又は前条第2号の違反行為をしたときは、行為者を罰するほか、その法人又は人に対して各本条の罰金刑を科する。

　〔附則　略〕

第26条　この条例に特別の規定があるものを除くほか、この条例の実施のための手続その他その執行について必要な細則は、規則で定める。

　　　第5章　罰則

第27条　偽りその他不正の手段により生活困窮者住居確保給付金の支給を受け、又は他人をして受けさせた者は、2年以下の懲役又は100万円以下の罰金に処する。

第28条　第5条第3項（第7条第3項及び第11条第2項において準用する場合を含む。）又は第9条第5項の規定に違反して秘密を漏らした者は、1年以下の懲役又は100万円以下の罰金に処する。

第29条　次の各号のいずれかに該当する者は、30万円以下の罰金に処する。

（1）　第21条第1項の規定による命令に違反して、報告若しくは物件の提出若しくは提示をせず、若しくは虚偽の報告若しくは虚偽の物件の提出若しくは提示をし、又は同項の規定による当該職員の質問に対して、答弁せず、若しくは虚偽の答弁をした者

（2）　第21条第2項の規定による報告をせず、又は虚偽の報告をした者

第30条　法人の代表者又は法人若しくは人の代理人、使用人その他の従業者が、その法人又は人の業務に関して第27条又は前条第2号の違反行為をしたときは、行為者を罰するほか、その法人又は人に対して各本条の罰金刑を科する。

　〔附則　略〕

設問17　改正案要綱に基づく新旧対照表と改正案の作成

> **改正例**

> ×生活困窮者自立支援条例（平成25年○○県条例第51号）の一部を次のように改正
> する。
> ×目次中「第３条」を「第４条」に、「第４条－第９条」を「第５条－第15条」に、「第
> 10条」を「第16条」に、「第11条－第19条」を「第17条－第26条」に、「第20条－第23条」
> を「第27条－第30条」に改める。
> ×第23条中「第20条」を「第27条」に改め、同条を第30条とする。
> ×第22条第１号中「第15条第１項」を「第21条第１項」に改め、同条第２号中「第
> 15条第２項」を「第21条第２項」に改め、同条を第29条とする。
> ×第21条中「第４条第３項（第６条第２項」を「第５条第３項（第７条第３項及び
> 第11条第２項」に改め、「含む。)」の次に「又は第９条第５項」を加え、「違反した者」
> を「違反して秘密を漏らした者」に改め、同条を第28条とする。
> ×第20条を第27条とし、第４章中第19条を第26条とし、第18条を第25条とし、第17
> 条を第24条とし、第16条を第22条とし、同条の次に次の１条を加える。
> ×（情報提供等）
> 第23条　県及び市等は、第７条第１項に規定する事業及び給付金の支給並びに同条
> ×第２項各号に掲げる事業を行うに当たって、生活保護法第６条第２項に規定する
> ×要保護者となるおそれが高い者を把握したときは、当該者に対し、同法に基づく
> ×保護又は給付金若しくは事業についての情報の提供、助言その他適切な措置を講
> ×ずるものとする。
> ×第15条を第21条とし、第11条から第14条までを６条ずつ繰り下げる。
> ×第10条第３項中「第15条第２項」を「次項及び第21条第２項」に改め、同条に次
> の１項を加える。
> ４　　県及び市等は、認定生活困窮者就労訓練事業を行う者の受注の機会の増大を図
> ×るように努めるものとする。
> ×第３章中第10条を第16条とする。
> ×第９条第１項第１号及び第２号並びに同条第２項第１号及び第２号中「第７条」
> を「第12条」に改め、同条に次の２項を加える。
> ３　　前項に規定するもののほか、県は、予算の範囲内において、規則で定めるとこ
> ×ろにより、前条の規定により福祉事務所未設置町村が支弁する費用の４分の１以
> ×内を補助することができる。
> ４　　生活困窮者就労準備支援事業及び生活困窮者家計改善支援事業が効果的かつ効

×率的に行われている場合として規則で定める場合に該当するときは、第２項の規
×定の適用については、・・・とする。

×第２章中第９条を第15条とする。

×第８条第１号中「第４条第１項」を「第５条第１項」に改め、同条第２号中「第
５条第１項」を「第６条第１項」に改め、同条第３号中「第６条第１項」を「第７
条第１項及び第２項」に改め、同条第４号中「第６条第１項」を「第７条第１項及
び第２項」に、「生活困窮者家計相談支援事業並びに同項第４号及び第５号」を「生
活困窮者家計改善支援事業並びに同項第２号及び第３号」に改め、同条に次の１号
を加える。

×（５）　第10条第１項の規定により県が行う事業の実施に要する費用

×第８条を第13条とし、同条の次に次の１条を加える。

×（福祉事務所未設置町村の支弁）

第14条　第11条第１項の規定により福祉事務所未設置町村が行う事業の実施に要す
×る費用は、福祉事務所未設置町村の支弁とする。

×第７条第１号中「第４条第１項」を「第５条第１項」に改め、同条第２号中「第
５条第１項」を「第６条第１項」に改め、同条第３号中「前条第１項」を「第７条
第１項及び第２項」に改め、同条第４号中「前条第１項」を「第７条第１項及び第
２項」に、「生活困窮者家計相談支援事業並びに同項第４号及び第５号」を「生活困
窮者家計改善支援事業並びに同項第２号及び第３号」に改め、同条を第12条とする。

×第６条第２項中「第４条第２項」を「第５条第２項」に、「前項」を「前２項」に
改め、同項を同条第３項とし、同条第１項中「生活困窮者自立相談支援事業及び生
活困窮者住居確保給付金の支給」を「前項に規定するもの」に改め、第１号を削り、
第２号を第１号とし、第３号を削り、第４号を第２号とし、同項第５号中「その他」
を「その他の」に改め、同号を同項第３号とし、同項を同条第２項とし、同条に第
１項として次の１項を加える。

××県及び市等は、生活困窮者自立相談支援事業及び生活困窮者住居確保給付金の
×支給のほか、生活困窮者就労準備支援事業及び生活困窮者家計改善支援事業を行
×うように努めるものとする。

×第６条に次の２項を加える。

４　　県及び市等は、第１項に規定する事業及び給付金の支給並びに第２項各号に掲
×げる事業を行うに当たっては、母子及び父子並びに寡婦福祉法（昭和39年法律第
×129号）第31条の５第１項第２号に掲げる業務及び同法第31条の11第１項第２号に
×掲げる業務並びに社会教育法（昭和24年法律第207号）第５条第１項第13号（同法

×第6条第2項において準用する場合を含む。）に規定する学習の機会を提供する事
×業その他関連する施策との連携を図るように努めるものとする。

5　知事は、生活困窮者就労準備支援事業及び生活困窮者家計改善支援事業の適切
×な実施を図るために必要な指針を公表するものとする。

×第6条を第7条とし、同条の次に次の4条を加える。

×（利用勧奨等）

第8条　県及び市等は、福祉、就労、教育、税務、住宅その他のその所掌事務に関
×する業務の遂行に当たって、生活困窮者を把握したときは、当該生活困窮者に対し、
×この条例に基づく事業の利用及び給付金の受給の勧奨その他適切な措置を講ずる
×ように努めるものとする。

×（支援会議）

第9条　県及び市等は、関係機関、第5条第2項（第7条第3項において準用する
×場合を含む。）の規定による委託を受けた者、生活困窮者に対する支援に関係する
×団体、当該支援に関係する職務に従事する者その他の関係者により構成される会
議（以下この条において「支×援会議」という。）を組織することができる。

2～4　[略]

5　支援会議の事務に従事する者又は従事していた者は、正当な理由がなく、支援
×会議の事務に関して知り得た秘密を漏らしてはならない。

6　前各項に定めるもののほか、支援会議の組織及び運営に関し必要な事項は、支
×援会議が定める。

×（県の市等の職員に対する研修等事業）

第10条　県は、次に掲げる事業を行うように努めるものとする。

×（1）　この条例の実施に関する事務に従事する市等の職員の資質を向上させるた
××めの研修の事業

×（2）　この条例に基づく事業又は給付金の支給を効果的かつ効率的に行うための
××体制の整備、支援手法に関する市等に対する情報提供、助言その他の事業

×（福祉事務所を設置していない町村による相談等）

第11条　福祉事務所を設置していない町村（第14条及び第15条第3項において「福
×祉事務所未設置町村」という。）は、生活困窮者に対する自立の支援につき、生活
×困窮者及び生活困窮者の家族その他の関係者からの相談に応じ、必要な情報の提
×供及び助言、県との連絡調整、生活困窮者自立相談支援事業の利用の勧奨その他
×必要な援助を行う事業を行うことができる。

×第5条第1項中「第2条第3項」を「第3条第3項」に改め、同条を第6条とし、

第4条を第5条とする。

×第3条第1項中「公共職業安定所その他の関係機関（次項第2号において単に「関係機関」という。）」を「関係機関」に改め、同条第2項第1号中「支給並びに」を「支給、」に、「、生活困窮者一時生活支援事業、生活困窮者家計相談支援事業その他」を「及び生活困窮者家計改善支援事業並びに生活困窮者一時生活支援事業、生活困窮者である子どもに対し学習の援助を行う事業及びその他の」に改め、同条に次の2項を加える。

4　県及び市等は、この条例の実施に関し、生活困窮者が生活困窮者に対する自立×の支援を早期に受けることができるよう、広報その他必要な措置を講ずるように×努めるものとする。

5　県及び市等は、この条例の実施に関し、生活困窮者に対する自立の支援を適切×に行うために必要な人員を配置するように努めるものとする。

×第1章中第3条を第4条とする。

×第2条第1項中「とは」の次に「、就労の状況、心身の状況、地域社会との関係性その他の事情により」を加え、同条第2項第1号中「生活困窮者」の次に「及び生活困窮者の家族その他の関係者」を、「助言」の次に「をし、並びに関係機関との連絡調整」を加え、同項第2号中「第10条第3項」を「第16条第3項」に改め、同項第3号中「当該」を削り、「一体的」を「包括的」に改め、同条中第6項を削り、第5項を第6項とし、第4項の次に次の1項を加える。

5　この条例において「生活困窮者家計改善支援事業」とは、生活困窮者に対し、×収入、支出その他家計の状況を適切に把握すること及び家計の改善の意欲を高め×ることを支援するとともに、生活に必要な資金の貸付けのあっせんを行う事業を×いう。

×第2条を第3条とする。

×第1条の次に次の1条を加える。

×　（基本理念）

第2条　生活困窮者に対する自立の支援は、生活困窮者の尊厳の保持を図りつつ、×生活困窮者の就労の状況、心身の状況、地域社会からの孤立の状況その他の状況×に応じて、包括的かつ早期に行われなければならない。

2　生活困窮者に対する自立の支援は、地域における福祉、就労、教育、住宅その×他の生活困窮者に対する支援に関する業務を行う関係機関（以下単に「関係機関」×という。）及び民間団体との緊密な連携その他必要な支援体制の整備に配慮して行×われなければならない。

設問17　改正案要綱に基づく新旧対照表と改正案の作成　215

〔附則　略〕

解説

1　目次の改正は、第2条、第8条から第11条まで、第14条及び第23条を新たに加え、これに伴う条の移動が生じるための整理である。なお、対象部分の引用は、括弧を含めていないが、括弧を付して、例えば「(第4条―第9条)」としてもよい。

2　条の移動があるため、本則の末尾から順に遡るように改正を進めていくことになる。まず、第23条を新第30条に繰り下げる。ここは本則末尾なので、特に帰属関係を示す必要はない。第23条には第20条が引用されているから、これを改める必要がある。以下、引用されている条が移動しているかどうか確認しつつ、改めていかなければならない。これは整理である（要綱第12）。

3　第22条を、整理のための改正を加えて、第29条に繰り下げる。

4　第21条は、引用条文の整理と、新たに罰則対象として第11条第2項及び第9条第5項が加わったことによって罰則を整理する改正であり、これを第28条に繰り下げる。

　　なお、「違反した者」を「違反して秘密を漏らした者」に改めているが、これは要綱には含まれていない。一般的に、秘密漏えいの罰則においては「〜の規定に違反して秘密を漏らした者」を対象とすることとされているし、その方が罰則として正確であると解されているので、ここはそれにならって（その条文に改正があるので）改正を加えることとしたものである。要綱からは読めない部分なので、なければないで可能である。

5　第20条から第16条までを、第27条から第22条までに繰り下げる。この間に整理を要する条の引用はない。ただし、第19条を第26条とする部分は、第26条となっても章の末尾であることを明確にする必要があるので、「第4章中」として章の帰属関係を明らかにしなければならない（これがなければ、「第20条を第27条とし、第17条から第19条までを7条ずつ繰り下げる」と一括することができる）。

6　第23条を新たに加える。この改正規定は、直前の条の移動に続けることになる（要綱第11）。

7　第11条から第15条までを、第17条から第21条までに6条ずつ繰り下げる改正である。

8　第10条は、末尾に新たに第4項を加える改正（要綱第10）であるが、第3項に引用条文の改正を要するとともに、括弧書きで事業の定義付けを行っていて、これを、追加する第4項でも使用するので、「次項」の語句を加える必要がある。

　　第10条を第16条に繰り下げる改正は、第10条の改正を行い（項を加えるので、改正規

定は一旦途切れる）、その後で行う。第3章はこれ1条の章なので、移動によってどの章に帰属するのかを明らかにしなければならない。

9　第9条の改正は、引用条文を改める必要があるが、「前条」や「前2条」に注意する必要がある（この間に新たな条が追加される）。これに第3項及び第4項を追加する（要綱第9）（要綱第9（2）の改正は、ここからは分かりにくいが、第2項を読替適用するもので、条文上その部分を「・・・」で略している。どのような読替にするか、試みてほしい）。

　　第9条を第15条とする改正は、別の改正規定とする。第2章の末尾に位置付けられるので、「第2章中」とする必要がある。

10　第8条の改正は、引用条文の整理と、事業名称が変わったことによる整理とであり、さらに、費用の一項目を加える（要綱第7　2）。

　　次いで、改正規定を改めて、第8条を第13条とし、第14条を加える（要綱第8（2））。

11　第7条の改正は、引用条文の整理と対象事業の名称の変更である。改正をして、これを第12条に移動する。

12　第6条は、第2項を第3項とし、第1項を第2項とし、新たに第1項を加える。第1項で実施事業の努力義務化が規定されるので（要綱第4（1））、新第3項では事業が「前2項」に定めるものとする整理が必要となるし、新第2項では新第1項に定める事業として一括するとともに、各号列記を整理する必要がある。なお、新第2項第3号で「その他」を「その他の」に改めているのは、概念整理であり、要綱からは把握しにくい（新第4条第2項・第3項を参照）。

　　改正規定を改めて、第6条の末尾に2項を加える（要綱第4（2）・（3））。

13　次いで、改正を行った第6条を第7条とし、同条の次に4条を加える。第8条（要綱第5）、第9条（要綱第6）、第10条（要綱第7　1）、第11条（要綱第8（1））である。

14　第5条の引用条文を改め、第5条を第6条に、第4条を第5条に移動する。

15　第3条第1項中の改正は、「関係機関」の定義が新第2条に入るため、その結果の整理である。第2項は事業改変の整理である（なお、ここで各種事業のくくりを「その他」から「その他の」にしている）。（要綱第3　3）

　　第3条の末尾に、2項を加える。（要綱第3　4）

16　第3条を第4条とするが、これは第1章の末尾となるので、帰属関係を明示する。

17　第2条の改正は、第1項中の語句の追加、これは生活困窮者の定義の改正である（要綱第2）。第2項中の語句の追加、引用条文の整理、語句の改め（「包括的」）を行って、事業が削られるものと追加されるものがあるので、項の削り、追加、移動を行う（要綱第3　1・2）。

　　改正規定を改めて、第2条を第3条とする。

18　第1条の次に新第2条を加える（要綱第1）。

以上で、本則の改正を終える。

事例索引（五十音順）

あ

アイウ中に語句を加える	§ 2．1．21	25
アイウ中の語句を削る	§ 2．1．22	25
アイウなどを改める	§ 3．1．20	35
アイウなどを削る	§ 3．3．12	48
アイウの途中で二つ削り、移動する	§ 4．7．2	66
アイウの途中に新たに一つ加え、移動する	§ 4．7．1	66
アイウの末尾に新たに加える	§ 3．2．12	40
新たに共通見出しを付して、その直後に条を新たに加える	§ 4．3．2	55
新たに第1項を加える	§ 4．5．4	63
新たに第1号を加える	§ 4．6．2	64
新たに第1条を加える	§ 4．4．6	59
新たに別表第2と別表第3を加える	§ 6．2．5	84
新たに別表を加える	§ 6．2．4	84
ある条例の制定改廃に伴って複数の条例を改正する整備条例の題名	§ 1．2．6	11

い

1項のみの附則に見出しのある項を加える	§ 5．2．4	75
1号を削り、新たに連続しない2号を加える	§ 4．6．3	65
一部改正条例の形式	§ 1．1．1	3
一定の目的によって複数の条例を改正する整備条例の題名	§ 1．2．5	11
一定の目的によって複数の条例を改正するなどの整理条例の題名	§ 1．2．4	11

え

枝番号の章を新たに加える	§ 3．2．4	37
枝番号の条を新たに加える	§ 3．2．1	36
枝番号の条を中間に含む複数の条の全部を「削除」に改める	§ 3．1．5	31

お

同じ事項について施行日を異ならせて段階的に改正する	§ 1．3．1	12

か

改正規定中に加える条を追加する	§ 7 . 1 . 5	93
改正規定中の条に項を加える	§ 7 . 1 . 4	92
改正規定の特定	§ 7 . 2 . 1	94
改正規定の特定の例	§ 7 . 2 . 2	98
改正規定を改める	§ 7 . 1 . 2	90
改正規定を加える	§ 7 . 1 . 1	90
改正規定を本則の末尾に加える	§ 7 . 1 . 3	90
改正対象の規定を列挙して同じ語句の改正を行う	§ 2 . 2 . 1	26
改正に伴い表記を改める（項）	§ 1 . 1 . 3	7
改正に伴い表記を改める（条）	§ 1 . 1 . 2	6
各号がある項にただし書を加える	§ 3 . 2 . 14	41
各号の全部を改める	§ 3 . 1 . 18	35
各号の中に枝番号の号を新たに加える	§ 3 . 2 . 11	40
各号列記以外の部分の全部を改める	§ 3 . 1 . 15	34
各号を削る	§ 3 . 3 . 9	48
款名中の語句を削る	§ 2 . 1 . 7	22
款名を新たに付する（条の次に）	§ 3 . 2 . 25	44
款名を新たに付する（条の前に）	§ 3 . 2 . 26	44

き

共通見出し中の語句を改める	§ 2 . 1 . 10	23
共通見出しとこれに続く複数の条を加える	§ 4 . 3 . 5	56
共通見出しに続く条を移動し、改めて共通見出しを付する	§ 4 . 3 . 1	55
共通見出しの全部を改める	§ 3 . 1 . 12	33
共通見出しを削り、各条に通常の見出しを付する	§ 4 . 3 . 4	56
共通見出しを削り、共通見出しの直後の条を削り、 　　次の条に通常の見出しを付する	§ 3 . 2 . 30	45
共通見出しを削り、通常の見出しを付する	§ 4 . 3 . 3	56

こ

項構成の附則を条構成に変更する	§ 5 . 2 . 1	74

項建ての附則で改正を行う	§1.4.2	15
項建ての本則を条建てにする	§5.2.5	75
後段中の語句を削る	§2.1.24	25
後段を加える	§3.2.15	41
後段を削る	§3.3.11	48
項中に語句を加える	§2.1.17	24
項中の語句を改める	§2.1.16	24
項中の語句を削る	§2.1.18	24
項に新たに各号を加える	§3.2.10	40
項の各号列記以外の部分に後段を加える	§3.2.16	41
項の後段を改める	§3.1.19	35
項の全部を改める	§3.1.13	34
項の末尾に新たに号を加える	§3.2.9	39
項番号のない項に項番号を付する	§5.2.7	76
項番号のない条における項の新設・廃止	§4.5.5	63
項を新たに加え、これに伴い多くの項を移動する	§4.5.3	62
項を移動し、中間に項を加える	§4.5.1	61
項を削る	§3.3.5	47

ご

号及びアイウ中の語句を改める	§2.1.19	25
号中に語句を加える	§2.1.20	25
号の全部を改める	§3.1.17	35
号を繰り下げ、1号を加える	§4.6.1	64
号を削る	§3.3.8	48

さ

三以上の複数の条例を本則で改正する	§1.2.2	9
3項からなる条に、新たに第2項と第4項と第6項を加える	§4.5.2	62

し

章全体を「削除」に改める	§3.1.10	33
章の冒頭の共通見出しの条を、繰り上げて同じ章の冒頭とする	§4.4.2	58

章の末尾に条を加える	§ 4 . 4 . 4	59
章名中の語句を改める	§ 2 . 1 . 5	22
章名等を一括して削り、章名等を個別に加える	§ 5 . 1 . 1	68
章名と節名を新たに同時に付する	§ 3 . 2 . 20	42
章名を新たに付する	§ 3 . 2 . 19	42
章名を改める	§ 3 . 1 . 8	33
章名を付するとともに、引き続いて条を新たに加える	§ 3 . 2 . 21	43
章を新たに加え、条の移動とともに章・節を移動する	§ 4 . 4 . 1	57
章を移動し、章を加える	§ 4 . 2 . 1	53
章を削る	§ 3 . 3 . 2	47
章を節に変更し、章を繰り上げる	§ 4 . 4 . 9	60

じ

条建ての附則で改正を行う	§ 1 . 4 . 1	14
条中に語句を加える	§ 2 . 1 . 13	23
条中の語句を改める	§ 2 . 1 . 11	23
条中の語句を削る	§ 2 . 1 . 15	24
条中の語句を複数改める	§ 2 . 1 . 12	23
条に表を加える	§ 6 . 2 . 3	83
条に付されている表の全部を改める	§ 6 . 2 . 1	83
条の移動と章・節・款の帰属	§ 5 . 1 . 3	71
条の改正を行い、条を移動する	§ 4 . 1 . 3	52
条の全部を改める	§ 3 . 1 . 1	30
条の冒頭に語句を加える	§ 2 . 1 . 14	23
条の末尾に新たに項を加える	§ 3 . 2 . 8	39
条の見出し中の語句を改める	§ 2 . 1 . 8	22
条を一括して新たに加え、その直後に新たに款名を付する	§ 3 . 2 . 27	44
条を繰り下げ、章の冒頭に新たに条を加える	§ 4 . 4 . 5	59
条を繰り下げ、節の冒頭の条とする	§ 4 . 4 . 7	60
条を繰り下げて、章の末尾とする	§ 4 . 4 . 3	58
条を削り、条を繰り上げる	§ 4 . 1 . 2	51
条を削り、条を繰り下げて、条を加える	§ 4 . 1 . 1	50
条を削る	§ 3 . 3 . 3	47

| 条を「削除」に改める | § 3 . 1 . 3 | 31 |
| 条をまとめて移動する | § 4 . 1 . 5 | 52 |

せ

節名中の語句を改める	§ 2 . 1 . 6	22
節名とこれに続く款名を新たに同時に付する	§ 3 . 2 . 24	43
節名を新たに付する（条の次に）	§ 3 . 2 . 22	43
節名を新たに付する（条の前に）	§ 3 . 2 . 23	43
節名を改める	§ 3 . 1 . 9	33
節を移動し、新たに節名を付する	§ 4 . 4 . 8	60
節を移動し、節を加える	§ 4 . 2 . 2	54
節を移動し、その節の次に節を加える	§ 4 . 2 . 3	54

ぜ

| 前文中の語句を改める | § 2 . 1 . 4 | 21 |
| 前文を新たに設ける | § 3 . 2 . 3 | 37 |

た

ただし書中の語句を改める	§ 2 . 1 . 23	25
ただし書の全部を改める	§ 3 . 1 . 16	34
ただし書を加える	§ 3 . 2 . 13	40
ただし書を削る	§ 3 . 3 . 10	48

だ

題名中の語句を改正する	§ 2 . 1 . 1	20
題名の全部を改める	§ 3 . 1 . 6	32
題名を新たに設ける	§ 3 . 2 . 17	41

ち

| 中間で条の改正を行いながら、連続する条を移動する | § 4 . 1 . 4 | 52 |

に

| 2項で構成される本則の冒頭に項を加える | § 5 . 2 . 3 | 75 |

事例索引　223

ひ

一つの別表の全部を改める	§ 6.2.2	83
表中の項の中に新たに項目を加える	§ 6.1.10	82
表中の項の中の項目を移動して新たに項目を加える	§ 6.1.8	81
表中の項の部分に新たに加える	§ 6.1.9	82
表中の項目を繰り下げ、新たな項目を加える	§ 6.1.1	78
表中の項を移動し、新たに複数の項を加える	§ 6.1.6	81
表中の項を削り、項を移動し、新たに項を加える	§ 6.1.5	81
表中の一つの欄を改める	§ 6.1.7	81
表の備考中の語句を改める	§ 6.1.11	82
表の部分を特定して語句を改める（項）	§ 6.1.2	80
表の部分を特定して語句を改める（項と欄）	§ 6.1.4	80
表の部分を特定して語句を改める（欄）	§ 6.1.3	80

ふ

複数の款を加える	§ 3.2.7	39
複数の規定中の同じ語句を改める	§ 2.2.2	27
複数の項で構成される条による附則を1項のみの附則にする	§ 5.2.2	74
複数の項による附則を1項のみにする	§ 5.2.6	75
複数の条例の改正と、条例の廃止を本則で行う	§ 1.2.3	10
複数の節を加える	§ 3.2.6	38
複数の別表のうちの一つを削り、他の別表を繰り上げる	§ 6.2.8	85
複数の別表のうち一つを残して他を削る	§ 6.2.9	85
複数の別表を繰り下げて新たに一つの別表を加える	§ 6.2.6	84
複数の別表を全て削る	§ 6.2.10	85
附則の連続する項を削る	§ 3.3.7	48
二つの条例を本則で改正する	§ 1.2.1	8

べ

別表に関係条文を新たに付し、繰り下げる	§ 6.2.11	85
別表に備考を加える	§ 6.2.12	85
別表を削る	§ 6.2.7	84

ほ

本則中のある語句を改める	§ 2 . 2 . 3	27
本則の末尾に新たな条を加える	§ 3 . 2 . 2	36
本則の末尾に章を新たに加える	§ 3 . 2 . 5	38

み

見出しの全部を改める	§ 3 . 1 .11	33
見出しを新たに付する	§ 3 . 2 .28	45
見出しを削り、新たに共通見出しを付する	§ 3 . 2 .29	45
見出しを含む条中の語句を改める	§ 2 . 1 . 9	22

も

目次中の語句を改める	§ 2 . 1 . 2	21
目次中の部分を特定して改める	§ 2 . 1 . 3	21
目次の全部を改める	§ 3 . 1 . 7	32
目次を新たに設ける	§ 3 . 2 .18	42
目次を削る	§ 3 . 3 . 1	46
目次を含む章・節の移動と追加の改正	§ 5 . 1 . 2	70

よ

様式を改める	§ 6 . 2 .13	86

れ

連続する枝番号の条を削る	§ 3 . 3 . 4	47
連続する項を削る	§ 3 . 3 . 6	47
連続する複数の項を改める	§ 3 . 1 .14	34
連続する複数の条の全部を改める	§ 3 . 1 . 2	31
連続する複数の条の全部を「削除」に改める	§ 3 . 1 . 4	31

著者紹介

大島　稔彦（おおしま　としひこ）

1970年東京大学法学部卒業。同年参議院法制局に入局、同第1部第1課長、同第4部長、参議院憲法調査会事務局長、参議院法制局第1部長、参議院法制次長を経て2006年参議院法制局長、2009年退職。著書に『新・国会事典』（有斐閣）、『明解　選挙法・政治資金法の手引』（新日本法規）、『消費税法用語の読み方・考え方』、『法令起案マニュアル』（ぎょうせい）（以上共同執筆）、『法制執務ハンドブック』、『立法学──理論と実務』（第一法規）、『合格論文の書き方（基礎編）』、『同（実践編）』、『小論文への誘い』、『楽しく学べる地方自治法教室』、『楽しく学べる地方公務員法教室』（公職研）ほか。

峯村　欣弘（みねむら　よしひろ）

1964年4月第一法規株式会社入社。1989年〜法制執務研修業務に携わる。現在、第一法規政策情報センター　法制執務担当部長。法制執務研修・政策法務研修講師、市町村の条例・規則アドバイザー。講師実績は「市町村アカデミー」、「京都府市町村振興協会」、「三重県市町総合事務組合」、「宮城県市町村職員研修所」、「長野県市町村職員研修センター」、「静岡県市町村振興協会」、「岡山県市町村振興協会」、「愛知県市町村振興協会」ほか、多数の市町村で実施。

サービス・インフォメーション

――――― 通話無料 ―――――

①商品に関するご照会・お申込みのご依頼
TEL 0120（203）694／FAX 0120（302）640

②ご住所・ご名義等各種変更のご連絡
TEL 0120（203）696／FAX 0120（202）974

③請求・お支払いに関するご照会・ご要望
TEL 0120（203）695／FAX 0120（202）973

●フリーダイヤル（TEL）の受付時間は、土・日・祝日を除く
9：00〜17：30です。

●FAXは24時間受け付けておりますので、あわせてご利用ください。

スキルアップ法制執務
〜演習問題で条例改正の応用力を身につける〜

2019年7月15日　初版発行

著　者　　大島稔彦・峯村欣弘

発行者　　田　中　英　弥

発行所　　第一法規株式会社
〒107-8560　東京都港区南青山2-11-17
ホームページ　https://www.daiichihoki.co.jp/

法制執務演習　ISBN 978-4-474-06516-1　C0032（9）